示	ネ	59	衣	衤 襾	一	食	斉	一	黒
内	一	一	襾	西	71	斉		一	黹
禾		61		七画			面	一	歯
穴		61	見		72		革	78	十三画
立		61	角		72		韋	一	
氺		一	言		72		韭	一	黽
罒		一	谷		72		音	78	鼎
衤		一	豆		一		頁	78	鼓 87
	六画		豕		一		風	78	鼠 一
竹		63	豸		72		飛	78	十四画
米		65	貝		一		食	79	
糸		65	赤		73	食	飠	79	鼻 齊
缶		一	走	足	一		首		齊 一
网	罒 血	一	足		73		香	一	十五画
羊		65	身		73		十画		齒 歯
羽	羽	66	車		73		馬	79	十六画
老		66	辛		一		骨	79	竜
而		一	辰		一		高	80	龍 亀
耒		一	辶	辶(右)	73		髟	一	十七画
耳		一	邑	阝(右)	一		鬥	一	龠
聿		一	酉		一		鬯	一	
肉	月	66	釆		一		鬲	80	
臣		66	里		74		鬼	一	
自		一	臣		一		竜	一	
至		一	白		一		十一画		
臼	臼	67	麦		一		魚	80	
舌		一		八画			鳥	81	
舛		一	金		75		鹵	一	
舟		67	長		76		鹿	84	
艮		一	門		76		麥	麦	
色		68	阜	阝(左)	76		麻	84	
艸	艹	68	隶		77		黄	一	
虍		70	隹		77		黒		
虫		70	雨		77		亀		
血		一	青		77				
行		71	非		一				

難読誤読 島嶼名(とうしょ)
漢字よみかた辞典

日外アソシエーツ

Guide to Reading of Island Names Written in Kanji

Compiled by
Nichigai Associates, Inc.

©2015 by Nichigai Associates, Inc.
Printed in Japan

本書はディジタルデータでご利用いただくことができます。詳細はお問い合わせください。

●編集担当● 城谷 浩
装丁：クリエイティブ・コンセプト

刊行にあたって

　周囲が海に囲まれ、南北に長く、海岸線が入り組んだ日本には、大小さまざま、約5,000の島嶼がある。各地の気候風土、文化、島の形状などの特色が反映された島嶼名には、一般にはなじみの薄い、読み難いもの、読み誤りやすいもの、同じ漢字でも読みの異なるものが多い。

　本書は「難読／誤読 植物名漢字よみかた辞典」「難読／誤読 鳥の名前漢字よみかた辞典」に続く小辞典として、島の名前を取り上げた。表記に漢字を含む島嶼名のうち、一般に難読と思われるもの、誤読のおそれがあると思われるもの、幾通りにも読めるものなど〈難読・誤読〉の島嶼名を選び、その読み方を示した。島嶼名の表記771種を見出しとし、その下に読み983通り、日本の島嶼1,625島を収録している。各島には、都道府県名、海域名、所属する諸島・群島名など、説明を簡潔に示した。

　本書が、地域文化豊かな島嶼に親しむ1冊として、また地理・国語の学習用として、既刊の漢字よみかた辞典とともに広く利用されることを期待したい。

　2015年8月

　　　　　　　　　　　　　　　　　　　日外アソシエーツ

凡　例

1．本書の内容
　本書は、表記に漢字を含む日本の島嶼名のうち、一般に難読と思われるもの、誤読のおそれのあるもの、幾通りもの読みのあるものを選び、その読み方を示した「よみかた辞典」である。島嶼名の表記771種、読み983通り、該当する日本の島嶼1,625島を収録した。

2．収録範囲および基準
1) 島嶼名は、一般的な名称を見出しとして採用し、読みを示した。読みが複数ある場合は、見出しに読みの一覧を示し、各読みごとに該当する島嶼を示した。
2) 読みは現代仮名遣いを原則とし、づ→ずに統一した。
3) 各島嶼には、都道府県名、海域名、所属する諸島・群島名、別名・別読み、面積を簡潔に説明した。

3．排　列
1) 親字の排列

　　見出しの先頭第一文字目を親字とし、『康熙字典』の214部に分類して部首順に、同部首内では総画数順に排列して〔　〕で囲んだ一連番号を付した。ひらがな・カタカナは先頭（漢字の前）に置いた。

2) 見出しの排列

　　第二文字以降の総画数順に排列、その第二字目の画数を見出しの前に記載した。第二字目が繰り返し記号「々」、ひらがな、カタカナの場合は「0」とみなした。同画数内では部首順に排列した。

3) 島嶼名の排列
 (1) 表記が同じであれば、読みの五十音順に排列し、読みをひらがなで示した。なお、清濁音・拗促音は区別した。(例：まえしま，まえじま)
 (2) 表記・読みとも同じであれば、地域別（都道府県・市町村の北から南の順）に排列し、先頭に①，②，… の数字を付けて区別した。
 (3) 表記・読みのほか都道府県名・海域名などの記載事項が一致する場合、丸囲み数字で区別した項目は別の島であるが、全てを確認してはいないので注意してご利用いただきたい。

4. 記載例

部首4画《火部》　←────　部首画数《部首》
〔200〕烏　←────　〔一連番号〕見出しの先頭第一文字
　　　　　　　　────　第二文字目の画数

10 **烏島** からしま，からすじま　←────　見出し島嶼名
からしま　愛媛県、豊後水道の無人島。
　　　　　　　　　　　　　　　←────　読み／島嶼説明
からすじま
①山形県、日本海の無人島。
②京都府、日本海の無人島。
　面積 0.0023km^2
③山口県、瀬戸内海の無人島。
　面積 0.05km^2

(5)

5．音訓よみガイド

本文の親字の主要な字音・字訓を一括して五十音順に排列、同じ読みの文字は総画数順に、同画数の場合は本文で掲載されている順に排列、本文の一連番号を示した。

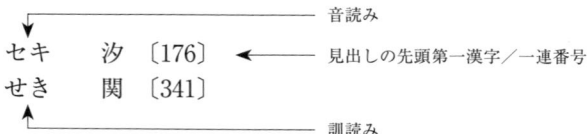

6．部首・総画順ガイド

本文の親字を部首順に排列、同部首内では総画数順に排列して、その一連番号を示した。

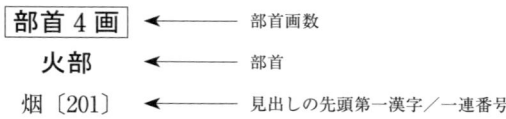

7．五十音順索引（巻末）

本文に収録した島嶼名のよみを五十音順に収録し、掲載ページを示した。

音訓よみガイド

> （1）本文の親字（島嶼名の先頭第一漢字）の主要な音訓よみを一括して五十音順に排列し、その親字の持つ本文での一連番号を示した。
> （2）同じ音訓よみの漢字は総画数順に、さらに同じ総画数の文字は本文での排列の順に従って掲げた。

【あ】

ア	阿	〔342〕
アイ	愛	〔126〕
あい	相	〔229〕
あいだ	間	〔340〕
あう	逢	〔327〕
あお	蒼	〔295〕
	青	〔349〕
あか	赤	〔321〕
あがる	上	〔6〕
あかるい	明	〔144〕
あき	秋	〔244〕
あさ	麻	〔381〕
あずま	東	〔154〕
あたえる	与	〔7〕
あたま	頭	〔351〕
あたらしい	新	〔140〕
あたり	辺	〔325〕
あたる	当	〔114〕
あと	後	〔115〕
あな	孔	〔82〕
	穴	〔247〕
あぶら	油	〔184〕
あま	天	〔72〕
あみ	網	〔268〕
あめ	天	〔72〕
あやしい	怪	〔121〕
あゆむ	歩	〔171〕
あらい	荒	〔287〕
あらう	洗	〔187〕
ある	有	〔145〕
あるく	歩	〔171〕
あわ	粟	〔263〕
アン	安	〔84〕

【い】

イ	伊	〔17〕
	夷	〔74〕
	帷	〔108〕
	鮪	〔364〕
い	藺	〔303〕
いえ	家	〔87〕
いかだ	桴	〔162〕
	筏	〔256〕
いかる	怒	〔123〕
いきる	生	〔216〕
いく	行	〔312〕
いけ	池	〔177〕
いさましい	勇	〔37〕
いし	石	〔233〕
いそ	磯	〔237〕
イチ	一	〔2〕
いち	市	〔106〕
いぬ	戌	〔129〕
	犬	〔209〕
いのしし	猪	〔211〕
いもうと	妹	〔78〕
いろ	色	〔282〕
いわ	岩	〔96〕
いわし	鰯	〔368〕
イン	印	〔43〕
	因	〔60〕
	引	〔113〕
	隠	〔345〕

【う】

ウ	宇	〔85〕
	有	〔145〕
	烏	〔200〕
	羽	〔271〕
	鵜	〔376〕
う	上	〔6〕
うえ	上	〔6〕
うお	魚	〔362〕
うく	浮	〔189〕
うける	請	〔316〕
うし	牛	〔206〕
うしろ	後	〔115〕
うす	臼	〔276〕
うち	内	〔28〕
うつくしい	美	〔269〕
うま	馬	〔356〕
うまれる	生	〔216〕
うみ	海	〔185〕
うむ	産	〔217〕
ウン	雲	〔347〕

【え】

え	江	〔175〕
エイ	栄	〔156〕
えだ	枝	〔152〕
えび	蝦	〔307〕
えびす	夷	〔74〕
	戎	〔128〕
えらぶ	択	〔133〕
エン	塩	〔66〕
	烟	〔201〕
	燕	〔204〕
	遠	〔330〕
	鳶	〔374〕

【お】

オ	淤	〔191〕
おい	老	〔272〕
おいる	老	〔272〕
オウ	奥	〔76〕
	応	〔119〕
	皇	〔226〕
	鴎	〔379〕
	黄	〔382〕
おうこ	楝	〔159〕
おおい	多	〔69〕
おおきい	大	〔70〕
	巨	〔101〕
おおざら	盤	〔228〕
おおとり	鴻	〔375〕
おか	岡	〔95〕
おがむ	拝	〔135〕
おき	沖	〔178〕
オク	奥	〔76〕
	屋	〔93〕
おく	奥	〔76〕
おごそか	厳	〔45〕
おこなう	行	〔312〕
おこる	怒	〔123〕
	興	〔277〕
おさめる	納	〔265〕
おす	牡	〔207〕
	雄	〔346〕

音訓よみガイド く

オツ	乙	〔11〕	カツ	割	〔35〕		貴	〔319〕
おっと	夫	〔73〕		滑	〔194〕		鬼	〔360〕
おとこ	男	〔220〕		葛	〔290〕	き	木	〔146〕
おに	鬼	〔360〕	かつお	鰹	〔369〕		黄	〔382〕
おのおの	各	〔48〕	かど	角	〔315〕	ギ	儀	〔24〕
おもい	重	〔331〕	かね	金	〔333〕	きく	利	〔33〕
おりる	下	〔4〕	かば	樺	〔160〕	きざす	萌	〔291〕
	降	〔343〕	かぶら	蕪	〔300〕	きずく	築	〔259〕
おる	折	〔132〕	かま	釜	〔334〕	きた	北	〔38〕
オン	恩	〔124〕	がま	蒲	〔294〕	きたる	来	〔151〕
	隠	〔345〕	かまえる	構	〔165〕	キツ	髻	〔358〕
おん	御	〔118〕	かます	叺	〔47〕	きのえ	甲	〔218〕
おんな	女	〔77〕	かみ	上	〔6〕	きびしい	厳	〔45〕
				神	〔240〕	ギャク	逆	〔326〕
【か】			かみなり	雷	〔348〕	キュウ	久	〔10〕
			かめ	亀	〔14〕		九	〔12〕
カ	下	〔4〕	かもめ	鷗	〔379〕		弓	〔112〕
	加	〔36〕	かよう	通	〔328〕		球	〔214〕
	嘉	〔58〕	から	唐	〔55〕		臼	〔276〕
	家	〔87〕	からす	烏	〔200〕		鳩	〔373〕
	花	〔283〕	かる	苅	〔284〕	ギュウ	牛	〔206〕
	荷	〔289〕	かわ	川	〔100〕	キョ	巨	〔101〕
	蝦	〔307〕	カン	冠	〔29〕		虚	〔304〕
ガ	臥	〔275〕		咸	〔54〕	ギョ	御	〔118〕
カイ	怪	〔121〕		寒	〔89〕		漁	〔195〕
	海	〔185〕		灘	〔199〕		魚	〔362〕
	潰	〔197〕		甲	〔218〕	キョウ	境	〔67〕
ガイ	外	〔68〕		間	〔340〕		経	〔266〕
	苅	〔284〕		関	〔341〕		興	〔277〕
	蓋	〔293〕		韓	〔350〕	ギョウ	行	〔312〕
	鎧	〔337〕	ガン	元	〔25〕	ギョク	玉	〔212〕
かかわる	関	〔341〕		岩	〔96〕	キン	巾	〔105〕
かき	籬	〔261〕	かんぬき	門	〔339〕		金	〔333〕
	蠣	〔311〕	かんむり	冠	〔29〕			
カク	各	〔48〕				**【く】**		
	角	〔315〕	**【き】**					
ガク	鶚	〔378〕				ク	九	〔12〕
かくれる	隠	〔345〕	キ	乞	〔13〕		貢	〔318〕
かご	籠	〔260〕		亀	〔14〕	くじら	鯨	〔365〕
かさ	笠	〔253〕		喜	〔57〕	くず	葛	〔290〕
かさなる	重	〔331〕		機	〔167〕	くずれる	崩	〔98〕
かじ	櫂	〔169〕		櫃	〔168〕	くだる	下	〔4〕
かしら	頭	〔351〕		磯	〔237〕	くち	口	〔46〕
かぜ	風	〔352〕		箕	〔258〕	くちなし	梔	〔161〕

難読/誤読 島嶼名漢字よみかた辞典　(9)

くつ	沓	〔180〕		【こ】		コン	昆	〔143〕
くに	国	〔61〕					根	〔157〕
くぬぎ	椚	〔164〕	コ	戸	〔130〕	ゴン	厳	〔45〕
くび	首	〔355〕	コ	木	〔146〕			
くびはねる	刎	〔31〕	ゴ	後	〔115〕		【さ】	
ぐみ	茱	〔288〕	ゴ	御	〔118〕			
くみする	与	〔7〕	こい	濃	〔198〕	サ	佐	〔19〕
くも	雲	〔347〕	こいし	礫	〔238〕		差	〔102〕
くる	来	〔151〕	コウ	口	〔46〕		沙	〔179〕
くろ	黒	〔383〕		向	〔49〕		砂	〔234〕
くわ	鍬	〔336〕		嫦	〔80〕	サイ	斎	〔138〕
くわえる	加	〔36〕		孔	〔82〕		臍	〔274〕
グン	群	〔270〕		岡	〔95〕		西	〔313〕
				後	〔115〕	さかい	境	〔67〕
	【け】			敲	〔137〕	さかえる	栄	〔156〕
				構	〔165〕	さかな	魚	〔362〕
ケ	家	〔87〕		江	〔175〕	さからう	逆	〔326〕
け	毛	〔173〕		甲	〔218〕	さがる	下	〔4〕
ゲ	下	〔4〕		皇	〔226〕	さざ	笹	〔254〕
ケイ	契	〔75〕		興	〔277〕	さす	差	〔102〕
	慶	〔127〕		荒	〔287〕	さむい	寒	〔89〕
	笄	〔252〕		行	〔312〕	サン	三	〔5〕
	経	〔266〕		貢	〔318〕		山	〔94〕
	馨	〔358〕		降	〔343〕		珊	〔213〕
	鶏	〔377〕		高	〔357〕		産	〔217〕
ゲイ	芸	〔285〕		鴻	〔375〕		蒜	〔296〕
	鯨	〔365〕		黄	〔382〕		門	〔339〕
ケツ	穴	〔247〕	こう	乞	〔13〕			
けむり	烟	〔201〕		請	〔316〕		【し】	
けわしい	嶮	〔99〕	ゴウ	嫦	〔80〕			
ケン	嶮	〔99〕		轟	〔324〕	シ	四	〔59〕
	拳	〔136〕	こうがい	笄	〔252〕		市	〔106〕
	犬	〔209〕	コク	国	〔61〕		志	〔120〕
	見	〔314〕		石	〔233〕		枝	〔152〕
	間	〔340〕		黒	〔383〕		梔	〔161〕
	鰹	〔369〕	こぐ	漕	〔196〕		歯	〔172〕
ゲン	元	〔25〕	ここのつ	九	〔12〕		矢	〔231〕
	原	〔44〕	こころざす	志	〔120〕		砥	〔235〕
	厳	〔45〕	こしき	甑	〔215〕		祇	〔243〕
	咸	〔54〕	こたえ	答	〔255〕		贄	〔320〕
	拳	〔136〕	こたえる	応	〔119〕	ジ	地	〔63〕
			コツ	乞	〔13〕	しお	塩	〔66〕
				忽	〔122〕		汐	〔176〕
			こぶし	拳	〔136〕	しか	鹿	〔380〕

音訓よみガイド　た

シキ	色	〔282〕	ジョウ	上	〔6〕	ぜに	銭	〔335〕
ジク	舳	〔280〕		城	〔65〕	セン	千	〔40〕
しし	宍	〔86〕		情	〔125〕		尖	〔92〕
した	下	〔4〕	ショク	色	〔282〕		川	〔100〕
したがう	従	〔117〕	しる	知	〔232〕		洗	〔187〕
シチ	七	〔3〕	しるし	印	〔43〕		船	〔279〕
シツ	蛭	〔306〕	しろ	城	〔65〕		銭	〔335〕
ジツ	日	〔141〕		白	〔223〕		門	〔339〕
しま	島	〔97〕	シン	新	〔140〕	ゼン	前	〔34〕
	洲	〔186〕		津	〔188〕			
しも	下	〔4〕		真	〔230〕	**【そ】**		
シャ	沙	〔179〕		神	〔240〕			
	砂	〔234〕		請	〔316〕	ソ	祖	〔241〕
ジャ	蛇	〔305〕	ジン	人	〔16〕	ソウ	孀	〔81〕
シャク	杓	〔150〕		神	〔240〕		早	〔142〕
	赤	〔321〕					漕	〔196〕
しゃち	鯱	〔366〕	**【す】**				甑	〔215〕
シュ	手	〔131〕					相	〔229〕
	種	〔245〕	ス	藪	〔302〕		綜	〔267〕
	朱	〔288〕	ズ	途	〔329〕		蒼	〔295〕
	首	〔355〕		頭	〔351〕		藪	〔302〕
ジュ	舳	〔280〕	スイ	水	〔174〕	ゾク	粟	〔263〕
シュウ	周	〔52〕	すえ	末	〔148〕	そと	外	〔68〕
	洲	〔186〕	すくも	粭	〔264〕	そなえる	備	〔23〕
	秋	〔244〕	すけ	佐	〔19〕	ソン	孫	〔83〕
	舟	〔278〕	すずき	鱸	〔371〕		巽	〔104〕
	鍬	〔336〕	すな	砂	〔234〕			
ジュウ	十	〔39〕	すべる	滑	〔194〕	**【た】**		
	従	〔117〕	すみ	角	〔315〕			
	戎	〔128〕	すめらぎ	皇	〔226〕	タ	多	〔69〕
	重	〔331〕					太	〔71〕
シュク	宿	〔88〕	**【せ】**			た	田	〔219〕
シュツ	出	〔30〕				ダ	蛇	〔305〕
ジュツ	戌	〔129〕	セイ	生	〔216〕	タイ	大	〔70〕
ショ	初	〔32〕		騰	〔274〕		太	〔71〕
ジョ	女	〔77〕		西	〔313〕		対	〔90〕
ショウ	小	〔91〕		請	〔316〕		待	〔116〕
	松	〔153〕		青	〔349〕	ダイ	内	〔28〕
	沼	〔181〕	セキ	汐	〔176〕		大	〔70〕
	焼	〔202〕		石	〔233〕	たいら	平	〔110〕
	照	〔203〕		赤	〔321〕	たかい	高	〔357〕
	生	〔216〕		関	〔341〕	タク	度	〔111〕
	相	〔229〕	セツ	折	〔132〕		択	〔133〕
	請	〔316〕		鱈	〔370〕		檡	〔169〕
	青	〔349〕						

難読/誤読 島嶼名漢字よみかた辞典

たけ	竹	[251]	**【つ】**				沓	[180]
たけし	武	[170]					盗	[227]
たすける	佐	[19]	つ	津	[188]		答	[255]
たたく	敲	[137]	ツイ	対	[90]		納	[265]
ただれる	爛	[205]	ツウ	通	[328]		藤	[301]
たちまち	忽	[122]	つた	蔦	[298]		頭	[351]
たつ	立	[248]	つち	土	[62]	とう	鏖	[384]
	竜	[249]	つつしむ	祇	[243]	とうとい	問	[56]
たつみ	巽	[104]	つの	角	[315]	とお	貴	[319]
たていと	経	[266]	つばめ	燕	[204]	とおい	十	[39]
たな	棚	[163]	つぶ	粒	[262]	とおす	遠	[330]
たね	種	[245]	つぶれる	潰	[197]	とがる	通	[328]
たび	度	[111]	つる	蔓	[299]	ドク	尖	[92]
たま	玉	[212]				とど	独	[210]
	球	[214]	**【て】**			とどまる	鮖	[363]
たら	鱈	[370]				とどろく	留	[222]
たわら	俵	[22]	て	手	[131]	とばり	轟	[324]
タン	端	[250]	テイ	砥	[235]	とび	帷	[108]
ダン	灘	[199]		蹄	[323]	とぶ	鳶	[374]
	男	[220]	テキ	的	[225]		跳	[322]
			てらす	照	[203]		飛	[353]
【ち】			でる	出	[30]	とまる	泊	[183]
			テン	天	[72]	とめる	留	[222]
チ	地	[63]	デン	田	[219]	とも	舳	[280]
	池	[177]					艫	[281]
	知	[232]	**【と】**			ともえ	巴	[103]
ち	千	[40]				ともなう	伴	[20]
ちいさい	小	[91]	ト	吐	[50]	とり	鳥	[372]
ちぎる	契	[75]		渡	[192]	どろ	淤	[191]
チク	竹	[251]		途	[329]	とんび	鳶	[374]
	築	[259]	と	戸	[130]			
	舳	[280]	ド	土	[62]	**【な】**		
ちなむ	因	[60]		度	[111]			
チュウ	中	[9]		怒	[123]	な	名	[51]
	仲	[18]	といし	砥	[235]	ナイ	内	[28]
	沖	[178]	トウ	唐	[55]	なえ	苗	[286]
チョ	猪	[211]		島	[97]	なか	中	[9]
チョウ	蔦	[298]		当	[114]		仲	[18]
	跳	[322]		投	[134]	ながい	長	[338]
	重	[331]		東	[154]	ながれる	流	[190]
	長	[338]		桃	[158]	なげる	投	[134]
	鳥	[372]		樋	[166]	なこうど	媒	[79]
				櫂	[169]	なごむ	和	[53]
						なさけ	情	[125]

音訓よみガイド　ふ

なだ	灘	〔199〕
ななつ	七	〔3〕
なみ	波	〔182〕
なめらか	滑	〔194〕
ナン	南	〔41〕

【に】

ニ	二	〔15〕
に	荷	〔289〕
にえ	贄	〔320〕
にし	西	〔313〕
ニチ	日	〔141〕
にな	螺	〔310〕
になう	荷	〔289〕
にわとり	鶏	〔377〕
ニン	人	〔16〕

【ぬ】

ヌ	怒	〔123〕
ぬさ	幣	〔109〕
ぬすむ	盗	〔227〕
ぬの	布	〔107〕
ぬま	沼	〔181〕

【ね】

ネ	祢	〔242〕
ね	根	〔157〕

【の】

の	野	〔332〕
ノウ	濃	〔198〕
	納	〔265〕
	能	〔273〕
のち	後	〔115〕
のぼる	上	〔6〕

【は】

ハ	巴	〔103〕
	波	〔182〕
	破	〔236〕
	歯	〔172〕
は	葉	〔292〕
	蠡	〔309〕
バ	馬	〔356〕
ハイ	拝	〔135〕
	稗	〔246〕
バイ	媒	〔79〕
はえる	栄	〔156〕
ハク	博	〔42〕
	泊	〔183〕
	白	〔223〕
はく	吐	〔50〕
バク	博	〔42〕
はし	端	〔250〕
はじめて	初	〔32〕
はた	機	〔167〕
	畑	〔221〕
はたけ	畑	〔221〕
ハチ	八	〔26〕
ばち	桴	〔162〕
はつ	初	〔32〕
バツ	筏	〔256〕
はと	鳩	〔373〕
はな	花	〔283〕
はね	羽	〔271〕
はねる	跳	〔322〕
はば	巾	〔105〕
はやい	早	〔142〕
はら	原	〔44〕
ハン	伴	〔20〕
	斑	〔139〕
バン	伴	〔20〕
	盤	〔228〕
	蔓	〔299〕

【ひ】

ヒ	枇	〔155〕
	飛	〔353〕
ひ	日	〔141〕
	樋	〔166〕
ビ	備	〔23〕
	枇	〔155〕
	美	〔269〕
ひえ	稗	〔246〕
ひがし	東	〔154〕
ひき	墓	〔309〕
ひく	引	〔113〕
ひさしい	久	〔10〕
ひしゃく	杓	〔150〕
ひつ	櫃	〔168〕
ひづめ	蹄	〔323〕
ひと	人	〔16〕
ひとつ	一	〔2〕
ひとり	独	〔210〕
ヒャク	百	〔224〕
ヒョウ	俵	〔22〕
	苗	〔286〕
ビョウ	平	〔110〕
ひら	蒜	〔296〕
ひる	蛭	〔306〕
ひろい	博	〔42〕
ヒン	鬢	〔359〕
ビン	鬢	〔359〕
びん	鬢	〔359〕

【ふ】

フ	夫	〔73〕
	布	〔107〕
	桴	〔162〕
	歩	〔171〕
	浮	〔189〕
	釜	〔334〕
ブ	武	〔170〕
	歩	〔171〕
	蕪	〔300〕
フウ	風	〔352〕
ふける	老	〔272〕
ふじ	藤	〔301〕
ふす	臥	〔275〕
ふた	蓋	〔293〕
ふたつ	両	〔8〕

難読/誤読 島嶼名漢字よみかた辞典　(13)

	二	〔15〕	【ま】			むかう	蕪	〔300〕
ぶと	墓	〔309〕				むっつ	向	〔49〕
ふとい	太	〔71〕	マ	魔	〔361〕	むなしい	六	〔27〕
ふね	舟	〔278〕	ま	麻	〔381〕	むれ	虚	〔304〕
	船	〔279〕		間	〔340〕	むろあじ	群	〔270〕
ふる	降	〔343〕	マイ	妹	〔78〕		鯥	〔367〕
フン	刎	〔31〕	まえ	前	〔34〕			
ブン	刎	〔31〕	まがき	籬	〔261〕	【め】		
			まき	牧	〔208〕			
【へ】			まぐろ	鮪	〔364〕	メイ	名	〔51〕
			まご	孫	〔83〕		明	〔144〕
ヘイ	幣	〔109〕	まこと	真	〔230〕			
	平	〔110〕	まさに	祇	〔243〕	【も】		
	篦	〔257〕	また	俣	〔21〕			
へさき	舳	〔280〕	まだら	斑	〔139〕	モウ	毛	〔173〕
	艫	〔281〕	マツ	末	〔148〕		網	〔268〕
へそ	臍	〔274〕	まつ	待	〔116〕		萌	〔291〕
へび	蛇	〔305〕		松	〔153〕	もえる	萌	〔146〕
へら	篦	〔257〕	まと	的	〔225〕	モク	木	〔25〕
へる	経	〔266〕	まわり	周	〔52〕	もと	元	〔147〕
ヘン	蝙	〔308〕	マン	満	〔193〕		本	〔358〕
	辺	〔325〕		蔓	〔299〕	もとどり	髻	〔138〕
				饅	〔354〕	ものいみ	斎	〔158〕
【ほ】						もも	桃	〔224〕
			【み】				百	〔56〕
ホ	歩	〔171〕				モン	問	〔56〕
	蒲	〔294〕	み	箕	〔258〕			
ホウ	崩	〔98〕	みさご	鶚	〔378〕	【や】		
	棚	〔163〕	みず	水	〔174〕			
	萌	〔291〕	みずら	髻	〔358〕	ヤ	野	〔332〕
	蓬	〔297〕	みち	途	〔329〕	や	家	〔87〕
	豊	〔317〕	みちる	満	〔193〕		屋	〔93〕
	逢	〔327〕	みつぐ	貢	〔318〕		矢	〔231〕
ボウ	坊	〔64〕	みっつ	三	〔5〕	やく	焼	〔202〕
	萌	〔291〕	みなみ	南	〔41〕	やすい	安	〔84〕
ほお	朴	〔149〕	ミョウ	名	〔51〕	やっつ	八	〔26〕
ホク	北	〔38〕		明	〔144〕	やど	宿	〔88〕
ボク	木	〔146〕		苗	〔286〕	やぶ	藪	〔302〕
	朴	〔149〕	みる	見	〔314〕	やぶれる	破	〔236〕
	牧	〔208〕				やま	山	〔94〕
ほぞ	臍	〔274〕	【む】			やもめ	孀	〔81〕
ホン	本	〔147〕				やわらぐ	和	〔53〕
			ム	武	〔170〕			

音訓よみガイド　わ

【ゆ】			竜	〔249〕	
ユ	油	〔184〕	笠	〔253〕	
ユウ	勇	〔37〕	粒	〔262〕	
	有	〔145〕	リョウ	両	〔8〕
	雄	〔346〕		漁	〔195〕
ゆく	行	〔312〕	リン	繭	〔303〕
ゆたか	豊	〔317〕			
ゆみ	弓	〔112〕	**【る】**		
			ル	流	〔190〕
【よ】				留	〔222〕
ヨ	与	〔7〕			
	淤	〔191〕	**【れ】**		
よい	嘉	〔58〕	レイ	礼	〔239〕
ヨウ	葉	〔292〕		蠣	〔311〕
よくする	能	〔273〕	レキ	礫	〔238〕
よっつ	四	〔59〕			
よもぎ	蓬	〔297〕	**【ろ】**		
よる	因	〔60〕	ロ	艫	〔281〕
よろい	甲	〔218〕		鱸	〔371〕
	鎧	〔337〕	ロウ	籠	〔260〕
よろこぶ	喜	〔57〕		老	〔272〕
	慶	〔127〕	ロク	六	〔27〕
				鹿	〔380〕
【ら】					
ラ	螺	〔310〕	**【わ】**		
ライ	来	〔151〕	ワ	和	〔53〕
	礼	〔239〕	わたる	渡	〔192〕
	雷	〔348〕	わる	割	〔35〕
ラン	爛	〔205〕			
【り】					
リ	利	〔33〕			
	籬	〔261〕			
リク	六	〔27〕			
	陸	〔344〕			
リツ	立	〔248〕			
リュウ	流	〔190〕			
	留	〔222〕			
	立	〔248〕			

難読/誤読 島嶼名漢字よみかた辞典　(15)

部首・総画順ガイド

(1) 本文の親字（島嶼名の先頭第一漢字）を部首順に排列して、その親字の本文での一連番号を〔　〕に囲んで示した。
(2) 同じ部首内の漢字は総画数順に排列した。

部首・総画順ガイド

カタカナ 〔1〕				部首4画
部首1画	六 〔27〕	問 〔56〕	小部	心部
一部	冂部	喜 〔57〕	小 〔91〕	応 〔119〕
一 〔2〕	内 〔28〕	嘉 〔58〕	尖 〔92〕	志 〔120〕
七 〔3〕	一部	口部	尸部	怪 〔121〕
下 〔4〕	冠 〔29〕	四 〔59〕	屋 〔93〕	忽 〔122〕
三 〔5〕	山部	因 〔60〕	山部	怒 〔123〕
上 〔6〕	出 〔30〕	国 〔61〕	山 〔94〕	恩 〔124〕
与 〔7〕	刀部	土部	岡 〔95〕	情 〔125〕
両 〔8〕	刎 〔31〕	土 〔62〕	岩 〔96〕	愛 〔126〕
丨部	初 〔32〕	地 〔63〕	島 〔97〕	慶 〔127〕
中 〔9〕	利 〔33〕	坊 〔64〕	崩 〔98〕	戈部
丿部	前 〔34〕	城 〔65〕	嶮 〔99〕	戎 〔128〕
久 〔10〕	割 〔35〕	塩 〔66〕	巛部	戌 〔129〕
乙部	力部	境 〔67〕	川 〔100〕	戸部
乙 〔11〕	加 〔36〕	夕部	工部	戸 〔130〕
九 〔12〕	勇 〔37〕	外 〔68〕	巨 〔101〕	手部
乞 〔13〕	匕部	多 〔69〕	差 〔102〕	手 〔131〕
亀 〔14〕	北 〔38〕	大部	己部	折 〔132〕
部首2画	十部	大 〔70〕	巴 〔103〕	択 〔133〕
二部	十 〔39〕	太 〔71〕	巽 〔104〕	投 〔134〕
二 〔15〕	千 〔40〕	天 〔72〕	巾部	拝 〔135〕
人部	南 〔41〕	夫 〔73〕	巾 〔105〕	拳 〔136〕
人 〔16〕	博 〔42〕	夷 〔74〕	市 〔106〕	攴部
伊 〔17〕	卩部	契 〔75〕	布 〔107〕	敵 〔137〕
仲 〔18〕	印 〔43〕	奥 〔76〕	帷 〔108〕	文部
佐 〔19〕	厂部	女部	幣 〔109〕	斎 〔138〕
伴 〔20〕	原 〔44〕	女 〔77〕	干部	斑 〔139〕
俣 〔21〕	厳 〔45〕	妹 〔78〕	平 〔110〕	斤部
俵 〔22〕	**部首3画**	媒 〔79〕	广部	新 〔140〕
備 〔23〕	口部	嬬 〔80〕	度 〔111〕	日部
儀 〔24〕	口 〔46〕	嬬 〔81〕	弓部	日 〔141〕
儿部	叺 〔47〕	子部	弓 〔112〕	早 〔142〕
元 〔25〕	各 〔48〕	孔 〔82〕	引 〔113〕	昆 〔143〕
八部	向 〔49〕	孫 〔83〕	彐部	明 〔144〕
八 〔26〕	吐 〔50〕	宀部	当 〔114〕	月部
	名 〔51〕	安 〔84〕	彳部	有 〔145〕
	周 〔52〕	宇 〔85〕	後 〔115〕	木部
	和 〔53〕	宍 〔86〕	待 〔116〕	木 〔146〕
	咸 〔54〕	家 〔87〕	従 〔117〕	本 〔147〕
	唐 〔55〕	宿 〔88〕	御 〔118〕	末 〔148〕
		寒 〔89〕		
		寸部		
		対 〔90〕		

(18) 難読/誤読 島嶼名漢字よみかた辞典

朴 〔149〕	流 〔190〕	白部	笄 〔252〕	艸部
杓 〔150〕	淤 〔191〕	白 〔223〕	笠 〔253〕	花 〔283〕
来 〔151〕	渡 〔192〕	百 〔224〕	笹 〔254〕	苅 〔284〕
枝 〔152〕	満 〔193〕	的 〔225〕	答 〔255〕	芸 〔285〕
松 〔153〕	滑 〔194〕	皇 〔226〕	筏 〔256〕	苗 〔286〕
東 〔154〕	漁 〔195〕	皿部	箆 〔257〕	荒 〔287〕
枇 〔155〕	漕 〔196〕	盗 〔227〕	箕 〔258〕	茱 〔288〕
栄 〔156〕	潰 〔197〕	盤 〔228〕	築 〔259〕	荷 〔289〕
根 〔157〕	濃 〔198〕	目部	籠 〔260〕	葛 〔290〕
桃 〔158〕	灘 〔199〕	相 〔229〕	籬 〔261〕	萌 〔291〕
梼 〔159〕	火部	真 〔230〕	米部	葉 〔292〕
椛 〔160〕	烏 〔200〕	矢部	粒 〔262〕	蓋 〔293〕
梔 〔161〕	烟 〔201〕	矢 〔231〕	粟 〔263〕	蒲 〔294〕
桙 〔162〕	焼 〔202〕	知 〔232〕	粕 〔264〕	蒼 〔295〕
棚 〔163〕	照 〔203〕	石部	糸部	蒜 〔296〕
椚 〔164〕	燕 〔204〕	石 〔233〕	納 〔265〕	蓬 〔297〕
構 〔165〕	爛 〔205〕	砂 〔234〕	経 〔266〕	蔦 〔298〕
樋 〔166〕	牛部	砥 〔235〕	綜 〔267〕	蔓 〔299〕
機 〔167〕	牛 〔206〕	破 〔236〕	網 〔268〕	蕉 〔300〕
櫃 〔168〕	牡 〔207〕	磯 〔237〕	羊部	藤 〔301〕
權 〔169〕	牧 〔208〕	礫 〔238〕	美 〔269〕	藪 〔302〕
止部	犬部	示部	群 〔270〕	蘭 〔303〕
武 〔170〕	犬 〔209〕	礼 〔239〕	羽部	虍部
歩 〔171〕	独 〔210〕	神 〔240〕	羽 〔271〕	虚 〔304〕
歯 〔172〕	猪 〔211〕	祖 〔241〕	老部	虫部
毛部		祢 〔242〕	老 〔272〕	蛇 〔305〕
毛 〔173〕	**部首5画**	祇 〔243〕	肉部	蛭 〔306〕
水部	玉部	禾部	能 〔273〕	蝦 〔307〕
水 〔174〕	玉 〔212〕	秋 〔244〕	臍 〔274〕	蝠 〔308〕
江 〔175〕	珊 〔213〕	種 〔245〕	臣部	螢 〔309〕
汐 〔176〕	球 〔214〕	稗 〔246〕	臥 〔275〕	螺 〔310〕
池 〔177〕	瓦部	穴部	臼部	蠣 〔311〕
沖 〔178〕	甑 〔215〕	穴 〔247〕	臼 〔276〕	行部
沙 〔179〕	生部	立部	興 〔277〕	行 〔312〕
沓 〔180〕	生 〔216〕	立 〔248〕	舟部	西部
沼 〔181〕	産 〔217〕	竜 〔249〕	舟 〔278〕	西 〔313〕
波 〔182〕	田部	端 〔250〕	船 〔279〕	
泊 〔183〕	甲 〔218〕		舳 〔280〕	**部首7画**
油 〔184〕	田 〔219〕	**部首6画**	艫 〔281〕	見部
海 〔185〕	男 〔220〕	竹部	色部	見 〔314〕
洲 〔186〕	畑 〔221〕	竹 〔251〕	色 〔282〕	角部
洗 〔187〕	留 〔222〕			角 〔315〕
津 〔188〕				
浮 〔189〕				

言部	降 〔343〕	部首11画	
請 〔316〕	陸 〔344〕		
豆部	隠 〔345〕	魚部	
豊 〔317〕	隹部	魚 〔362〕	
貝部	雄 〔346〕	鮎 〔363〕	
貢 〔318〕	雨部	鮪 〔364〕	
貴 〔319〕	雲 〔347〕	鯨 〔365〕	
贅 〔320〕	雷 〔348〕	鯱 〔366〕	
赤部	青部	鯉 〔367〕	
赤 〔321〕	青 〔349〕	鰯 〔368〕	
足部		鰹 〔369〕	
跳 〔322〕	部首9画	鱈 〔370〕	
蹄 〔323〕		鱸 〔371〕	
車部	韋部	鳥部	
轟 〔324〕	韓 〔350〕	鳥 〔372〕	
辵部	頁部	鳩 〔373〕	
辺 〔325〕	頭 〔351〕	鳶 〔374〕	
逆 〔326〕	風部	鴻 〔375〕	
逢 〔327〕	風 〔352〕	鵜 〔376〕	
通 〔328〕	飛部	鶏 〔377〕	
途 〔329〕	飛 〔353〕	鶚 〔378〕	
遠 〔330〕	食部	鷗 〔379〕	
里部	饅 〔354〕	鹿部	
重 〔331〕	首部	鹿 〔380〕	
野 〔332〕	首 〔355〕	麻部	
		麻 〔381〕	
部首8画	部首10画	部首12画	
金部	馬部	黄部	
金 〔333〕	馬 〔356〕	黄 〔382〕	
釜 〔334〕	高部	黒部	
銭 〔335〕	高 〔357〕	黒 〔383〕	
鍬 〔336〕	髟部		
鎧 〔337〕	髻 〔358〕	部首13画	
長部	鬘 〔359〕		
長 〔338〕	鬼部	鼓部	
門部	鬼 〔360〕	鼕 〔384〕	
門 〔339〕	魔 〔361〕		
間 〔340〕			
関 〔341〕			
阜部			
阿 〔342〕			

難読誤読 島嶼名漢字よみかた辞典

非漢字《カナ》

〔1〕カタカナ

エーメ立神 えーめたつがん
鹿児島県、東シナ海、薩南諸島、上三島の無人島。

[19] **ウ離島** うばなりじま
沖縄県、東シナ海、琉球列島、先島諸島、八重山群島の無人島。別名：青島（あおしま）。
面積0.0475km^2

部首1画《一部》

〔2〕一

[3] **一子島** ひとごじま
香川県、瀬戸内海、備讃諸島の無人島。面積0.0016km^2

一子碆 いっしばえ
高知県、太平洋の無人島。
面積0.00001km^2

[5] **一石** ひとついし
山口県、瀬戸内海の無人島。

[17] **一礁** いし
高知県、太平洋の無人島。
面積0.00075km^2

〔3〕七

[10] **七島** ななつしま
宮崎県、太平洋の無人島。
面積0.002km^2

〔4〕下

[8] **下長** しもおさ
鹿児島県、東シナ海、甑島列島の無人島。

下阿値賀島 しもあじかしま
長崎県、対馬海峡、平戸諸島の無人島。面積0.12km^2

[9] **下皆島** しもかいじま
長崎県、五島灘、九十九島の無人島。面積0.022km^2

[10] **下馬刀島** しもまてしま
熊本県、八代海、天草諸島の無人島。面積0.003km^2

[12] **下蛭子島** しもえびすじま
長崎県、五島灘、九十九島の無人島。面積0.0004km^2

下須島 げずしま
熊本県、天草灘、天草諸島の島。
面積4.47km^2

[18] **下鵜碆** しもうばえ
熊本県、天草灘、天草諸島の無人島。面積0.0002km^2

[5] 三

三ツ瀬 みつせ, みつぜ, みっつせ

みつせ 長崎県、東シナ海、五島列島の無人島。面積0.0004km²

みつぜ
①長崎県、五島灘の無人島。面積0.02km²
②長崎県、五島灘の無人島。
③長崎県、東シナ海、五島列島の無人島。面積0.001km²

みっつせ 鹿児島県、太平洋、薩南諸島、奄美群島の無人島。面積0.0004km²

三子 みつご

山口県、日本海の無人島。別名：三ッ子（みつご）。面積0.00025km²

三小島 みつこじま

①愛媛県、瀬戸内海、芸予諸島の無人島。面積0.0002km²
②愛媛県、瀬戸内海、芸予諸島、上島諸島の無人島。

三角島 さんかくじま, みかどじま

さんかくじま 長崎県、東シナ海、五島列島の無人島。

みかどじま 広島県、瀬戸内海、芸予諸島の島。別読み：みかどしま。面積0.79km²

三畑田島 みつはたんだしま

愛媛県、豊後水道の無人島。

三島 みしま, みつじま

みしま
①新潟県、日本海の無人島。面積0.018km²
②新潟県、日本海の無人島。面積0.0006km²
③佐賀県、玄界灘の無人島。面積0.0374km²
④長崎県、大村湾の無人島。面積0.11km²

みつじま 島根県、日本海、隠岐諸島の無人島。面積0.0005km²

三島山 さんとうざん

三重県、太平洋の無人島。面積0.0037km²

三峰島 さぶじま

島根県、日本海、隠岐諸島の無人島。面積0.003km²

三栗島 みつくりしま

大分県、豊後水道の無人島。面積0.005km²

[6] 上

上地島 かみじしま

沖縄県、太平洋、琉球列島、先島諸島、八重山群島の島。別名：新城島上地（あらぐすくじまかみち）。面積1.79km²

上的島 かみまてしま

熊本県、八代海、天草諸島の無人島。面積0.0001km²

上阿値賀島 かみあじかしま

長崎県、対馬海峡、平戸諸島の無

一部(与, 両) │部(中) ノ部(久)　　　　　　　　　　　　　　　　　[10]

人島。面積0.2km^2

^{9}上皆島　かみかいじま
長崎県、五島灘、九十九島の無人島。面積0.025km^2

^{15}上樫木島　かみかたきじま
長崎県、五島灘、九十九島の無人島。面積0.007km^2

^{16}上甑島　かみこしきじま
鹿児島県、東シナ海、甑島列島の島。面積44.19km^2

〔7〕与

^{11}与望島　よぼうじま
静岡県、太平洋の無人島。面積0.0008km^2

^{12}与勝諸島　よかつしょとう
沖縄県、太平洋、南西諸島、琉球列島、沖縄諸島の島群。別名：与勝五島（よかつごとう）。

〔8〕両

^{3}両子岩　ふたごいわ
長崎県、橘湾の無人島。面積0.039km^2

部首1画《│部》

〔9〕中

^{10}中根　なかね，なかんね
なかね
①岩手県、太平洋の無人島。面積0.00005km^2
②宮城県、太平洋の無人島。
なかんね　東京都、太平洋、伊豆諸島の無人島。面積0.0018km^2

^{12}中御神島　なかのおがんじま
沖縄県、東シナ海、琉球列島、先島諸島、八重山群島の無人島。別名：仲ノ神島（なかのかんじま），仲ノ御神島（なかのうがんじま）。面積0.1798km^2

中渡島　なかとしま
愛媛県、瀬戸内海、芸予諸島、来島諸島の無人島。別名：中戸島（なかとしま）。面積0.04402km^2

^{18}中鵜留止島　なかうるしじま
愛媛県、豊後水道の無人島。面積0.0021km^2

部首1画《ノ部》

〔10〕久

^{6}久多島　くたしま
鹿児島県、東シナ海の無人島。面積0.003km^2

難読/誤読 島嶼名漢字よみかた辞典　5

久場島 くばしま，くばじま

くばしま　沖縄県、東シナ海、琉球列島、沖縄諸島、慶良間諸島の無人島。別名：古場島（こばしま）。別読み：くばしま。面積1.57km^2

くばじま　沖縄県、東シナ海、琉球列島、先島諸島、尖閣諸島の無人島。別名：黄尾嶼（こうびしょ）、チャサ島（ちゃさじま）、黄尾礁（おうびしょう）。面積0.87km^2

久賀島 ひさかじま

長崎県、東シナ海、五島列島の島。面積38.38km^2

部首1画 《乙部》

[11] 乙

乙子島 おとごしま

長崎県、対馬海峡、平戸諸島の無人島。別読み：おとこしま。面積0.029km^2

乙小島 おつこじま

山口県、瀬戸内海、防予諸島、周防大島諸島の無人島。面積0.0256km^2

乙礁 おとぐり

京都府、日本海の無人島。面積0.0025km^2

[12] 九

九十九島 くじゅうくしま，つくもしま，つくもじま

くじゅうくしま
①愛媛県、瀬戸内海の無人島。面積0.0028km^2
②長崎県、五島灘の島群。
つくもしま　愛媛県、瀬戸内海、芸予諸島の無人島。面積0.0175km^2
つくもじま　長崎県、島原湾の島群。面積0.1531km^2

九十島 くそじま

長崎県、対馬海峡の無人島。面積0.001km^2

九頭島 くずしま

長崎県、五島灘、九十九島の無人島。面積0.028km^2

九龍島 くろしま

和歌山県、太平洋の無人島。面積0.01km^2

[13] 乞

乞食森 くじきもい

沖縄県、東シナ海、琉球列島、沖縄諸島の無人島。面積0.0006km^2

[14] 亀

亀止 かめとど

東京都、太平洋、伊豆諸島の無人島。面積0.00016km^2

[9]亀城礁　かめぎしょう
神奈川県、太平洋の無人島。
面積0.07km²

[11]亀笠島　きがさじま
香川県、瀬戸内海、備讃諸島、塩飽諸島の無人島。面積0.1km²

部首2画《二部》

[15] 二

[3]二子島　ふたこじま，ふたごしま，ふたごじま，ふたしじま
ふたこじま　東京都、太平洋、小笠原諸島、小笠原群島、母島列島の無人島。面積0.08km²
ふたごしま　和歌山県、太平洋の無人島。面積0.0015km²
ふたごじま
①千葉県、太平洋の無人島。面積0.00004km²
②三重県、太平洋の無人島。面積0.006km²
③和歌山県、太平洋の無人島。面積0.002km²
④和歌山県、太平洋の無人島。面積0.0007km²
⑤広島県、瀬戸内海、芸予諸島の無人島。面積0.0004km²
⑥徳島県、太平洋の無人島。
⑦愛媛県、瀬戸内海、防予諸島、忽那諸島の無人島。面積0.0135km²
⑧長崎県、東シナ海、五島列島の無人島。面積0.004km²
⑨長崎県、対馬海峡の無人島。面積0.001km²
⑩長崎県、対馬海峡の無人島。面積0.001km²
⑪熊本県、天草灘、天草諸島の無人島。面積0.01km²
⑫鹿児島県、東シナ海、宇治群島の無人島。面積0.00008km²
ふたしじま　島根県、日本海の無人島。

[8]二並島　ふたならびじま
①愛媛県、豊後水道の無人島。面積0.0017km²
②高知県、太平洋の無人島。面積0.034km²

[9]二神島　ふたがみしま，ふたがみじま
ふたがみしま　長崎県、対馬海峡、平戸諸島の無人島。別読み：ふたがみじま。面積0.1284km²
ふたがみじま　愛媛県、瀬戸内海、防予諸島、忽那諸島の島。別名：松島（まつしま）。別読み：ふたかみじま。面積2.14km²

二面島　にずらじま，ふたおもてじま
にずらじま　香川県、瀬戸内海、備讃諸島、塩飽諸島、与島諸島の無人島。面積0.0022km²
ふたおもてじま　香川県、瀬戸内海、備讃諸島、塩飽諸島の無人島。面積0.02km²

部首2画《人部》

[16] 人

[16]人頭島　ひとがしらじま
長崎県、五島灘、九十九島の無人島。面積0.008km²

人部（伊, 仲, 佐, 伴, 俣, 俵, 備）

[17] 伊

[5] 伊平屋伊是名諸島　いへやいぜなしょとう

沖縄県、東シナ海、南西諸島、琉球列島、沖縄諸島の島群。

[9] 伊計島　いけいじま

沖縄県、太平洋、琉球列島、沖縄諸島、与勝諸島の島。別名：伊計離（いちはなり、いけばなれ）。面積1.73km²

伊計離　いけばなれ

伊計島（いけいじま）の別名。沖縄県、太平洋、琉球列島、沖縄諸島、与勝諸島の島。別読み：いちはなり。面積1.73km²

[10] 伊唐島　いからじま

鹿児島県、八代海の島。別読み：いがらしま。面積3.0km²

[11] 伊釈加釈島　いじゃかじゃじま

沖縄県、東シナ海、琉球列島、沖縄諸島、慶良間諸島の無人島。

[18] 仲

[8] 仲知小島　ちゅうちこじま

長崎県、東シナ海、五島列島の無人島。面積0.017km²

[19] 佐

[9] 佐柳島　さなぎしま

香川県、瀬戸内海、備讃諸島、塩飽諸島の島。別読み：さなぎじま。面積2.07km²

[12] 佐渡島　さどがしま，さどしま

さどがしま　新潟県、日本海の島。別読み：さどしま。面積857.19km²

さどしま　宮城県、太平洋の無人島。面積0.018km²

[20] 伴

[9] 伴待瀬　ばんだいせ

和歌山県、太平洋の無人島。面積0.016km²

[21] 俣

[3] 俣川洲　またごし

鹿児島県、鹿児島湾の無人島。面積0.00163km²

[22] 俵

[3] 俵小島　ひょうこじま

鹿児島県、太平洋、薩南諸島、奄美群島の無人島。面積0.018km²

[23] 備

[22] 備讃諸島　びさんしょとう

岡山県, 香川県、瀬戸内海の島群。別名：備讃叢島（びさんそうとう）。

8　難読/誤読 島嶼名漢字よみかた辞典

人部(儀) 儿部(元) 八部(八, 六) 冂部(内) 冖部(冠)　　　〔29〕

〔24〕儀

[7] 儀志布島　ぎしっぷじま

沖縄県、東シナ海、琉球列島、沖縄諸島、慶良間諸島の無人島。別読み：ぎしぶじま。面積0.4591km^2

部首2画 《儿部》

〔25〕元

[6] 元行者又七森　もとぎょうざまたひちもり

三重県、太平洋の無人島。面積0.0001km^2

部首2画 《八部》

〔26〕八

[12] 八景島　やけいじま

宮城県、太平洋の無人島。面積0.0238km^2

〔27〕六

[3] 六口島　むくちしま

岡山県、瀬戸内海、備讃諸島、児島諸島の島。別読み：むぐちじま, むくちじま。面積1.17km^2

[10] 六島　むしま, ろくしま

むしま　岡山県、瀬戸内海、備讃諸島、笠岡諸島の島。別名：室島（むろしま）。面積1.02km^2

ろくしま　六島（むしま, むつしま）の別読み。長崎県、対馬海峡、平戸諸島の島。面積0.69km^2

六連島　むつれじま

山口県、日本海、響灘諸島の島。面積0.703km^2

部首2画 《冂部》

〔28〕内

[9] 内待離り　うちまちばなり

沖縄県、東シナ海、琉球列島、沖縄諸島の無人島。面積0.00468km^2

[10] 内院島　ないんじま

長崎県、対馬海峡の無人島。面積0.119km^2

[12] 内裡島　だいりじま

宮城県、太平洋、松島諸島の無人島。面積0.0444km^2

[19] 内離島　うちばなれじま

沖縄県、東シナ海、琉球列島、先島諸島、八重山群島の無人島。別読み：うちばなりじま, うちばなりじま。面積2.13km^2

部首2画 《冖部》

〔29〕冠

[8] 冠者島　かんじゃじま

福井県、日本海の無人島。別名：

難読/誤読 島嶼名漢字よみかた辞典　9

冠島 かんむりしま，かんむりじま

かんむりしま　島根県、日本海、隠岐諸島、島前の無人島。面積0.034km²

かんむりじま
①京都府、日本海の無人島。別名：大島（おしま），大島（おおしま），雄島（おしま）。面積0.398km²
②兵庫県、日本海の無人島。面積0.0027km²

部首2画《凵部》

[30] 出

出羽島　てばじま

徳島県、太平洋の島。別読み：でばじま，てばしま，でわじま。面積0.5km²

出島　いずしま，でじま

いずしま　宮城県、太平洋の島。面積2.64km²

でじま　京都府、日本海の無人島。面積0.0028km²

部首2画《刀部》

[31] 刎

刎島　はねしま

山口県、瀬戸内海、熊毛群島の無人島。別読み：はねじま。面積0.08km²

[32] 初

初島　はしま，はつしま

はしま　初島（はつしま）の別読み。静岡県、太平洋の島。別名：波津幾島（はつきしま），波島（はしま），端島（はしま）。面積0.44km²

はつしま　福岡県、有明海の無人島。面積0.0001km²

[33] 利

利礼　りれい

北海道、日本海の島群。

利島　としま

東京都、太平洋、伊豆諸島、伊豆七島の島。面積4.2km²

[34] 前

前島　まえしま，まえじま，まえのしま

まえしま
①静岡県、太平洋の無人島。面積0.0002km²
②愛知県、太平洋の無人島。別名：琵琶島（びわじま），兎島（うさぎじま）。面積0.0499km²
③愛媛県、豊後水道の無人島。面積0.0057km²
④長崎県、東シナ海、五島列島の島。面積0.515km²
⑤長崎県、対馬海峡の無人島。面積0.0015km²
⑥熊本県、八代海、天草諸島の無人島。面積0.03km²
⑦鹿児島県、八代海の無人島。
⑧鹿児島県、八代海の無人島。面積0.05km²

刀部（割）力部（加，勇）　　　　　　　　　　　　　　　　　　　　　　　　〔37〕

⑨鹿児島県、八代海の無人島。
　面積0.08km^2
まえじま
①宮城県、太平洋、松島諸島の無人島。面積0.0052km^2
②東京都、太平洋、小笠原諸島、小笠原群島、聟島列島の無人島。面積0.1km^2
③三重県、太平洋の無人島。別名：ふなま（ふなま）。
④島根県、日本海の無人島。
　面積0.00185km^2
⑤岡山県、瀬戸内海、備讃諸島の無人島。別名：梔島（くちなしじま）。面積0.925km^2
⑥岡山県、瀬戸内海、備讃諸島の島。別名：塵輪島（ちりわじま）。面積2.43km^2
⑦山口県、瀬戸内海、防予諸島、周防大島諸島の島。面積1.02km^2
⑧徳島県、紀伊水道の無人島。
　面積0.1979km^2
⑨長崎県、大村湾の島。
　面積0.26km^2
⑩長崎県、五島灘、九十九島の無人島。面積0.1265km^2
⑪長崎県、五島灘、九十九島の島。面積0.3086km^2
⑫熊本県、八代海、天草諸島、天草松島の島。面積0.1817km^2
⑬沖縄県、東シナ海、琉球列島、沖縄諸島、慶良間諸島の島。
　面積1.43km^2
まえのしま　長崎県、対馬海峡の無人島。面積0.002km^2

[15] 前慶良間　めえけらま
沖縄県、東シナ海の島群。別読み：めえぎらま。

〔35〕割

[3] 割小島　わつのこじま
長崎県、東シナ海、五島列島の無人島。面積0.001km^2

[8] 割岩　わりいわ，われいわ
わりいわ　高知県、太平洋の無人島。面積0.0012km^2
われいわ　山口県、瀬戸内海、熊毛群島の無人島。

[12] 割森　わりむい
沖縄県、東シナ海、琉球列島、沖縄諸島の無人島。面積0.00053km^2

部首2画《力部》

〔36〕加

[10] 加唐島　かからしま
佐賀県、玄界灘の島。別名：各羅島（かくらじま）。別読み：かからじま。面積2.81km^2

〔37〕勇

[10] 勇留島　ゆりとう
（北方領土）北海道、オホーツク海、千島列島、南千島、歯舞諸島の島。別名：ウリリ島（うりりとう）。別読み：ゆりじま。
面積10.0km^2

部首2画《匕部》

[38] 北

[4] 北木島　きたぎしま
岡山県、瀬戸内海、備讃諸島、笠岡諸島の島。別名：柴島（しばしま）。別読み：きたぎじま。
面積7.3km²

[7] 北苅藻島　きたかるもじま
和歌山県、紀伊水道、苅藻島の無人島。面積0.0049km²

[11] 北魚止岩　きたよとめいわ
宮城県、太平洋の無人島。
面積0.0008km²

部首2画《十部》

[39] 十

[2] 十九島　つるしま
和歌山県、紀伊水道の無人島。
面積0.0979km²

[40] 千

[10] 千島　せんしま，ちしま
せんしま　長崎県、対馬海峡、平戸諸島の無人島。面積0.01km²
ちしま　福井県、日本海の無人島。
面積0.0129km²

千島列島　ちしまれっとう
（北方領土）北海道、オホーツク海の島群。別名：クリル列島（kuril）、チュープカ列島（ちゅーぷかれっとう），千島（ちしま）。

千振島　ちぶりしま
香川県、瀬戸内海、備讃諸島の無人島。別読み：ちふりしま。
面積0.09km²

[19] 千霧岩　ちぎりいわ
愛媛県、瀬戸内海の無人島。
面積0.00055km²

[41] 南

[6] 南名計根　みなみなかばりね
宮城県、太平洋の無人島。

[7] 南串島　なぐしじま
長崎県、五島灘の無人島。
面積0.08km²

[9] 南室島　なむろじま
長崎県、対馬海峡の無人島。
面積0.009km²

南風波瀬　はえのはせ
長崎県、対馬海峡の無人島。
面積0.002km²

[11] 南魚止岩　みなみよとめいわ
宮城県、太平洋の無人島。
面積0.0044km²

十部（博）冂部（印）厂部（原，厳）口部（口，叺，各，向）　　　　　　　　　　〔49〕

〔42〕博

博奕礁[9]　ばくちべ
宮崎県、太平洋の無人島。
面積0.003km^2

博奕瀬　ばくちせ
長崎県、五島灘、九十九島の無人島。面積0.00003km^2

部首2画 《冂部》

〔43〕印

印瀬[19]　いんのせ
熊本県、天草灘、天草諸島の無人島。面積0.0002km^2

部首2画 《厂部》

〔44〕原

原島[10]　はるしま
長崎県、対馬海峡の島。
面積0.48km^2

〔45〕厳

厳島[10]　いつくしま
広島県、瀬戸内海の島。別名：宮島（みやじま）。面積30.2km^2

部首3画 《口部》

〔46〕口

口永良部島[5]　くちのえらぶじま
鹿児島県、太平洋、薩南諸島、大隅諸島の島。別名：口之永良部島（くちのえらぶじま）。別読み：くちえらぶじま。面積38.04km^2

口形島[7]　くちかたじま
長崎県、島原湾、九十九島（つくもじま）の無人島。面積0.0008km^2

〔47〕叺

叺の瀬　かまぎのせ
山口県、瀬戸内海の無人島。
面積0.00035km^2

〔48〕各

各羅島[19]　かくらじま
加唐島（かからしま，かからじま）の別名。佐賀県、玄界灘の島。面積2.81km^2

〔49〕向

向島[10]　むかいしま，むかいじま，むかえしま，むくしま，むこうじま
むかいしま
①広島県、瀬戸内海、芸予諸島の島。面積31.85km^2
②向島（むこうしま，むこうじま）の別読み。山口県、瀬戸内海、周南

難読/誤読 島嶼名漢字よみかた辞典　13

諸島の島。面積7.9km²

むかいじま 香川県、瀬戸内海、備讃諸島、塩飽諸島の無人島。
面積0.228km²

むかえしま 宇治向島（うじむかえじま）の別名。鹿児島県、東シナ海、宇治群島の無人島。別名：宇治島（うじしま）。面積1.07km²

むくしま
①向島（むかえしま，むかいじま）の別読み。香川県、瀬戸内海、備讃諸島、直島諸島の島。
面積0.76km²
②佐賀県、玄界灘の島。面積0.3km²

むこうじま
①東京都、太平洋、小笠原諸島、小笠原群島、母島列島の無人島。別名：プリマス島（ぷりますとう），ケイス島（けいすとう）。
面積1.39km²
②長崎県、橘湾の無人島。
面積0.029km²

〔50〕吐

吐噶喇列島 とかられっとう [15]

鹿児島県、東シナ海、南西諸島、薩南諸島の島群。別名：吐噶喇七島（とからしちとう），宝七島（たからしちとう），下七島（しもしちとう），川辺七島（かわなべしちとう），沖七島（おきのしちとう）。

〔51〕名

名高島 みょうこうじま [10]

三重県、太平洋の無人島。
面積0.0008km²

名瀬 なじ [19]

沖縄県、東シナ海、琉球列島、沖縄諸島、慶良間諸島の無人島。

〔52〕周

周防瀬 すおぜ [7]

鹿児島県、太平洋の無人島。
面積0.0002km²

〔53〕和

和布島 わかめじま [5]

長崎県、五島灘の無人島。
面積0.004km²

和合良島 わごらじま [6]

福岡県、日本海の無人島。
面積0.06km²

〔54〕咸

咸陽島 かんようとう [12]

高知県、太平洋の無人島。
面積0.021km²

〔55〕唐

唐子島 からこしま [3]

長崎県、対馬海峡、平戸諸島の無人島。面積0.004km²

唐戸島 からとじま [4]

宮城県、太平洋、松島諸島の無人島。面積0.146km²

唐船岩 とうせんいわ，とせんべ [11]

とうせんいわ 熊本県、八代海の無人島。面積0.005km²
とせんべ 宮崎県、太平洋の無人

島。面積0.00005km²

[56] 問

問島　まどいし
[10]

岡山県、瀬戸内海、備讃諸島、笠岡諸島の無人島。面積0.0114km²

[57] 喜

喜界島　きかいしま
[9]

鹿児島県、太平洋、薩南諸島、奄美群島の島。別読み：きかいじま、きかいがしま。面積55.71km²

[58] 嘉

嘉比島　がひじま
[4]

沖縄県、東シナ海、琉球列島、沖縄諸島、慶良間諸島の無人島。面積0.095km²

部首3画《口部》

[59] 四

四十四島　しじゅうしじま
[2]

兵庫県、瀬戸内海の無人島。面積0.002km²

[60] 因

因島　いんのしま
[10]

広島県、瀬戸内海、芸予諸島の島。別名：因ノ島（いんのしま）。面積34.56km²

[61] 国

国後島　くなしりとう
[9]

（北方領土）北海道、オホーツク海、千島列島、南千島の島。別名：クナシル島（Ostrov Kunashir）。面積1,512.54km²

部首3画《土部》

[62] 土

土生島　はぶじま
[5]

岡山県、瀬戸内海、備讃諸島、笠岡諸島の無人島。面積0.0145km²

[63] 地

地ノハッピ　おかのはっぴ

北海道、日本海の無人島。面積0.0009km²

地ノ島　じのしま，ちのしま

じのしま
①和歌山県、紀伊水道、友ヶ島の無人島。別名：地島（じのしま）。面積1.06km²
②和歌山県、紀伊水道の無人島。面積0.4259km²
③福岡県、日本海の島。別名：泊島（とまりじま）。面積1.7km²

ちのしま
①和歌山県、太平洋、紀ノ松島の無人島。面積0.0005km²
②大分県、太平洋の島。

難読/誤読 島嶼名漢字よみかた辞典

[3] 地大島　じのおおしま

地大島（ちのおおしま）の別読み。愛媛県、豊後水道の無人島。別名：地ノ大島（じのおおしま）。面積0.973km²

[6] 地自津留島　ちじつるじま

沖縄県、東シナ海、琉球列島、沖縄諸島、慶良間諸島の無人島。

[10] 地高甲　じたかこう

大分県、豊後水道、高甲岩の無人島。別名：地高甲岩（じたかこういわ）。面積0.00002km²

[12] 地無垢島　じのむくしま

地無垢島（じむくしま）の別読み。大分県、豊後水道の島。別名：無垢島（むくしま）。面積0.2937km²

〔64〕坊

[3] 坊子島　ぼうずしま

岡山県、瀬戸内海、備讃諸島の無人島。面積0.0005km²

〔65〕城

[10] 城島　ぐしくじま，しろしま

ぐしくじま　沖縄県、東シナ海、琉球列島、沖縄諸島、慶良間諸島の無人島。面積0.0827km²

しろしま　熊本県、八代海、天草諸島の無人島。面積0.0019km²

〔66〕塩

[13] 塩飽諸島　しあくしょとう

塩飽諸島（しわくしょとう）の別読み。香川県、瀬戸内海、備讃諸島の島群。

〔67〕境

[10] 境島　さかえじま

長崎県、対馬海峡の無人島。面積0.012km²

[17] 境礁　さかいぐり

島根県、日本海、隠岐諸島の無人島。面積0.0001km²

部首3画《夕部》

〔68〕外

[6] 外地島　ふかじしま

沖縄県、東シナ海、琉球列島、沖縄諸島、慶良間諸島の無人島。別読み：ほかちしま，ほかじしま。

外自津留島　ほかじつるじま

沖縄県、東シナ海、琉球列島、沖縄諸島、慶良間諸島の無人島。

[9] 外待離り　ほかまちばなり

沖縄県、東シナ海、琉球列島、沖縄諸島の無人島。面積0.00515km²

夕部（多）大部（大）

[19] 外離島　ほかばなりじま
沖縄県、東シナ海、琉球列島、先島諸島、八重山群島の無人島。別読み：ほかばなれじま。
面積1.35km^2

[69] 多

[12] 多景島　たけしま
滋賀県、琵琶湖の無人島。別名：竹島（たけしま），武島（たけしま）。

部首3画《大部》

[70] 大

大ユニ　うふゆに
沖縄県、東シナ海、琉球列島、沖縄諸島の無人島。面積0.02438km^2

大コ島　おこしま
兵庫県、瀬戸内海、家島諸島の無人島。面積0.0107km^2

[2] 大刀根島　たちがねじま
岩手県、太平洋の無人島。
面積0.011km^2

[3] 大下島　おおげじま
愛媛県、瀬戸内海、芸予諸島の島。別読み：おおげしま。面積1.5km^2

[4] 大中瀬　うなかぜ
鹿児島県、東シナ海の無人島。
面積0.00005km^2

[5] 大立神　おおたちがみ
鹿児島県、東シナ海、薩南諸島、吐噶喇列島の無人島。

大立神岩　おおたてがみいわ
長崎県、五島灘の無人島。
面積0.0003km^2

大立島　おおたてしま
長崎県、五島灘の無人島。
面積0.09km^2

[6] 大名計根　おおなばかりね
宮城県、太平洋の無人島。

大地離島　うつじばなりじま
沖縄県、東シナ海、琉球列島、先島諸島、八重山群島の無人島。
面積0.02km^2

大尖岩　おおとんがり
石川県、日本海の無人島。
面積0.004km^2

[7] 大杓島　おおひしゃくじま
岡山県、瀬戸内海、備讃諸島、児島諸島の無人島。面積0.0065km^2

大角力　おおずもう
長崎県、五島灘、角力灘の無人島。
面積0.2km^2

大角豆島　ささげしま
愛媛県、瀬戸内海、芸予諸島の無人島。面積0.0004km^2

大和人森　やまとんちゅむい[8]

沖縄県、東シナ海、琉球列島、沖縄諸島の無人島。面積0.002km²

大東　おおあがり

大東諸島（だいとうしょとう）の別名。沖縄県、太平洋、南西諸島、琉球列島の島群。別読み：うふあがり。

大波加島　おおはかしま

島根県、日本海、隠岐諸島、島前の無人島。面積0.042km²

大突間島　おおずくましま

愛媛県、瀬戸内海、芸予諸島、来島諸島の無人島。面積0.07645km²

大咲浪　おおざくろう[9]

茨城県、太平洋の無人島。面積0.0001km²

大相賀島　おおあいがしま

広島県、瀬戸内海、芸予諸島の無人島。面積0.0382km²

大神子　おおみこ

東京都、太平洋、伊豆諸島の無人島。面積0.0008km²

大飛島　おおびしま

岡山県、瀬戸内海、備讃諸島、笠岡諸島の島。面積1.05km²

大値賀島　おおじかじま[10]

福江島（ふくえじま）の別名。長崎県、東シナ海、五島列島の島。面積327.99km²

大島　おおしま，おおじま，おしま，おじま

おおしま
①（北方領土）北海道、オホーツク海、千島列島、南千島の島。
②北海道、日本海の無人島。別名：渡島大島（おしまおおしま）。面積9.372km²
③北海道、阿寒湖の無人島。別名：オンネモシリ。
④青森県、陸奥湾の無人島。面積0.1619km²
⑤青森県、日本海の無人島。
⑥オランダ島（おらんだじま）の別名。岩手県、太平洋の無人島。面積0.0269km²
⑦タブの大島（たぶのおおしま）の別名。岩手県、太平洋の無人島。別名：船越大島（ふなこしおおしま）。面積0.09km²
⑧宮城県、太平洋、松島諸島の無人島。面積0.0022km²
⑨宮城県、太平洋の島。別名：薬師島（やくしじま），陸前大島（りくぜんおおしま），気仙沼大島（けせんぬまおおしま），宮城大島（みやぎおおしま）。面積8.97km²
⑩宮城県、太平洋の無人島。面積0.0029km²
⑪宮城県、太平洋の無人島。面積0.0005km²
⑫千葉県、太平洋の無人島。面積0.00006km²
⑬東京都、太平洋、伊豆諸島、伊豆七島の島。別名：伊豆大島（いずおおしま）。面積91.11km²
⑭新潟県、日本海の無人島。

面積0.0035km^2
⑮新潟県、日本海の無人島。
　面積0.008km^2
⑯新潟県、日本海の無人島。
　面積0.004km^2
⑰新潟県、日本海の無人島。
　面積0.002km^2
⑱石川県、日本海、七ツ島の無人島。
　面積0.032km^2
⑲石川県、日本海の無人島。
　面積0.012km^2
⑳福井県、日本海の無人島。
㉑愛知県、太平洋の無人島。別名：三河大島（みかわおおしま）、三谷の大島（みつやのおおしま）。面積0.0645km^2
㉒愛知県、太平洋の無人島。
　面積0.19km^2
㉓愛知県、太平洋の無人島。
　面積0.0013km^2
㉔三重県、太平洋の無人島。
㉕三重県、太平洋の無人島。
　面積0.001km^2
㉖三重県、太平洋の無人島。
㉗三重県、太平洋の無人島。
　面積0.0872km^2
㉘京都府、日本海の無人島。
　面積0.0011km^2
㉙兵庫県、日本海の無人島。
㉚兵庫県、日本海の無人島。
　面積0.3km^2
㉛和歌山県、紀伊水道の無人島。
　面積0.1819km^2
㉜和歌山県、太平洋の無人島。
　面積0.0012km^2
㉝和歌山県、太平洋の島。別名：紀伊大島（きいおおしま）、串本大島（くしもとおおしま）、和歌山大島（わかやまおおしま）。
　面積9.89km^2
㉞和歌山県、太平洋の無人島。
　面積0.004km^2
㉟和歌山県、太平洋の無人島。
　面積0.0001km^2

㊱鳥取県、日本海の無人島。
　面積0.002km^2
㊲島根県、日本海の無人島。
　面積0.00079km^2
㊳島根県、日本海の無人島。
　面積0.08km^2
㊴島根県、日本海の無人島。
　面積0.00019km^2
㊵島根県、日本海の無人島。
　面積0.0193km^2
㊶岡山県、瀬戸内海、備讃諸島、笠岡諸島の島群。面積0.2386km^2
㊷山口県、日本海、六島諸島の島。別名：萩ノ大島（はぎのおおしま）。面積2.4927km^2
㊸山口県、日本海の無人島。
　面積0.4km^2
㊹屋代島（やしろじま）の別名。山口県、瀬戸内海、防予諸島、周防大島諸島の島。別名：周防大島（すおうおおしま）。面積130.57km^2
㊺山口県、日本海の無人島。
㊻徳島県、太平洋の無人島。別名：阿波大島（あわおおしま）。
　面積1.91km^2
㊼香川県、瀬戸内海、備讃諸島の無人島。面積0.03km^2
㊽香川県、瀬戸内海、備讃諸島の島。
　面積0.6088km^2
㊾愛媛県、豊後水道の島。別名：八幡浜大島（やわたはまおおしま）、真穴大島（まあなおおしま）。
　面積0.748km^2
㊿愛媛県、瀬戸内海の島。別名：新居大島（にいおおしま）、大黒島（おおくろしま）、金島（かねじま）、黄金の島（おうごんのしま）。
　面積2.24km^2
㉛愛媛県、瀬戸内海、芸予諸島の島。別名：伊予大島（いよおおしま）、越智大島（おちおおしま）。
　面積45.27km^2
㉜愛媛県、瀬戸内海、芸予諸島、上島諸島の無人島。

㊳愛媛県、豊後水道の無人島。
㊴高知県、太平洋の島。
面積0.915km²
㊵福岡県、玄界灘の島。別名：筑前大島（ちくぜんおおしま）、福岡大島（ふくおかおおしま）、宗像大島（むなかたおおしま）。面積7.5km²
㊶佐賀県、玄界灘の島。
㊷長崎県、大村湾の無人島。
面積0.4km²
㊸長崎県、島原湾、九十九島（つくもじま）の無人島。面積0.0186km²
㊹長崎県、五島灘の島。別名：蠣ノ浦大島（かきのうらおおしま）、西彼大島（せいひおおしま）。別読み：おおじま。面積12.68km²
㊺長崎県、対馬海峡、平戸諸島の島。別名：的山大島（あずちおおしま）、北松大島（ほくしょうおおしま）、平戸大島（ひらどおおしま）。
面積15.32km²
㊻長崎県、対馬海峡、平戸諸島の島。
面積0.707km²
㊼長崎県、五島灘、九十九島の無人島。面積0.157km²
㊽長崎県、対馬海峡の島。
面積1.16km²
㊾長崎県、対馬海峡の無人島。
面積0.12km²
㊿長崎県、対馬海峡の無人島。
面積0.001km²
㊋熊本県、天草灘、天草諸島の無人島。別名：牛深大島（うしぶかおおしま）。面積0.47km²
㊌熊本県、島原湾、天草諸島、天草松島の無人島。面積0.007km²
㊍大分県、瀬戸内海の無人島。
面積0.005km²
㊎大分県、豊後水道の島。別名：田野浦島（たのうらしま）。
面積1.78km²
㊏宮崎県、太平洋の島。別名：日向大島（ひゅうがおおしま）。
面積2.22km²

㊐鹿児島県、東シナ海の無人島。別名：阿久根大島（あくねおおしま）、雄島（おしま）。面積0.1004km²
㊑鹿児島県、太平洋、薩南諸島、奄美群島の島。別名：海見（あま み）、阿麻美（あまみ）、奄美大島（あまみおおしま）、サンタ・マリア島（さんたまりあとう）。
面積718.93km²

おおじま
①和歌山県、太平洋の無人島。
面積0.00075km²
②島根県、日本海の無人島。
面積0.00233km²
③島根県、日本海の無人島。
④島根県、日本海、隠岐諸島、島前の無人島。面積0.0008km²

おしま　冠島（かんむりじま）の別名。京都府、日本海の無人島。別名：大島（おしま）、雄島（おしま）。面積0.398km²

おじま
①大島（おおじま）の別読み。三重県、太平洋の無人島。
②弁天島（べんてんじま）の別名。三重県、太平洋の無人島。
面積0.0086km²

大桂島　おおかつらしま，おおかつらじま

おおかつらしま　島根県、日本海、隠岐諸島、島前の無人島。
面積0.034km²

おおかつらじま　島根県、日本海の無人島。面積0.0109km²

大根島　おおねじま，だいこんじま

おおねじま　宮城県、太平洋、松島諸島の無人島。

だいこんじま　島根県、中海の島。別名：タコ島（たこじま）。
面積4.89km²

大部(大)

11 大魚島　おおよじま
青森県、津軽海峡の無人島。面積0.00007km^2

大黒島　おおくろしま、おおぐろしま、おおぐろじま、だいこくじま
おおくろしま　大島（おおしま）の別名。愛媛県、瀬戸内海の島。別名：新居大島（にいおおしま），金島（かねじま），黄金の島（おうごんのしま）。面積2.24km^2
おおぐろしま　島根県、日本海の無人島。面積0.00001km^2
おおぐろじま　島根県、日本海、隠岐諸島の無人島。面積0.0015km^2
だいこくじま
①（北方領土）北海道、オホーツク海、千島列島、南千島の島。
②北海道、太平洋の無人島。面積0.0024km^2
③北海道、太平洋の無人島。面積0.12km^2
④宮城県、太平洋、松島諸島の無人島。面積0.02km^2
⑤秋田県、日本海の無人島。
⑥島根県、日本海の無人島。面積0.00245km^2

大黒瀬　うぐろせ
鹿児島県、東シナ海の無人島。面積0.0001km^2

12 大蛭子島　おおえびすじま
長崎県、五島灘、九十九島の無人島。面積0.0006km^2

13 大園島　おおぞのじま
兵庫県、瀬戸内海の無人島。面積0.023km^2

大碆　おおばえ、おおはや、おおばや
おおばえ
①徳島県、太平洋の無人島。面積0.0009km^2
②愛媛県、豊後水道の無人島。面積0.0111km^2
③高知県、太平洋の無人島。
おおはや　愛媛県、豊後水道の無人島。面積0.0001km^2
おおばや　愛媛県、豊後水道の無人島。

大裸島　おおはだかじま
香川県、瀬戸内海、備讃諸島、塩飽諸島、与島諸島の無人島。面積0.0007km^2

14 大蔦島　おおつたじま
大蔦島（おずたじま）の別読み。香川県、瀬戸内海、備讃諸島の無人島。別名：鶴島（つるしま）。面積0.31km^2

16 大築海島　おずくみじま
三重県、太平洋の無人島。面積0.2558km^2

大甕島　おおがまじま
大甕島（おおひきしま）の別読み。長崎県、五島灘の無人島。別名：沖ノ島（おきのしま）。面積0.2km^2

大館場島　おおたちばじま
愛媛県、瀬戸内海、防予諸島、忽那諸島の無人島。別読み：おおたてばしま。面積0.0959km^2

難読/誤読 島嶼名漢字よみかた辞典　21

大礁 おおべ [17]
宮崎県、太平洋の無人島。
面積0.001km^2

大礁島 おおぐりじま
石川県、日本海の無人島。
面積0.008km^2

大藤島 おおとうじま [18]
高知県、太平洋の無人島。
面積0.212km^2

大鵜留止島 おおうるしじま
愛媛県、豊後水道の無人島。
面積0.0051km^2

大瀬 ううぜ，うせ，うぜ，おおせ，おおぜ，ぽういし [19]

ううぜ
①長崎県、玄界灘、平戸諸島、イロハ島の無人島。
②鹿児島県、東シナ海の無人島。面積0.00005km^2

うせ　鹿児島県、東シナ海の無人島。面積0.035km^2

うぜ
①鹿児島県、東シナ海の無人島。面積0.0002km^2
②鹿児島県、東シナ海の無人島。面積0.025km^2

おおせ
①山口県、日本海の無人島。面積0.0001km^2
②佐賀県、玄界灘の無人島。面積0.0017km^2
③長崎県、対馬海峡の無人島。面積0.0048km^2
④鹿児島県、東シナ海、甑島列島の無人島。面積0.0009km^2
⑤鹿児島県、東シナ海、甑島列島の無人島。面積0.0007km^2
⑥鹿児島県、太平洋、薩南諸島、奄美群島の無人島。面積0.021km^2

おおぜ
①山口県、日本海、六島諸島の無人島。面積0.0012km^2
②山口県、日本海の無人島。

ぽういし　沖縄県、東シナ海、琉球列島、沖縄諸島の無人島。面積0.00079km^2

大藻路 おおもじ
福岡県、日本海の無人島。
面積0.0022km^2

大麗女島 おおうまめじま
広島県、瀬戸内海の無人島。別読み：おおうるめじま。
面積0.0215km^2

〔71〕太

太刀落島 たちおとしじま [3]
和歌山県、太平洋、紀ノ松島の無人島。面積0.0004km^2

太平石 おべらし [5]
和歌山県、太平洋の無人島。
面積0.0026km^2

太島 ふとんじま [10]
兵庫県、瀬戸内海、家島諸島の無人島。面積0.0216km^2

大部（天,夫,夷,契,奥）

¹⁶太濃地島　ふとのじしま
岡山県、瀬戸内海、備讃諸島、児島諸島の無人島。面積0.0455km²

〔72〕天

⁷天売島　てうりとう
北海道、日本海の島。
面積5.46km²

〔73〕夫

¹⁰夫振岩　おとふりいわ
沖縄県、東シナ海、琉球列島、沖縄諸島の無人島。

¹¹夫婦岩　みょうといわ,めおといわ
みょうといわ
①三重県、太平洋の無人島。別読み：めおといわ。
②徳島県、瀬戸内海の無人島。面積0.0002km²
③高知県、太平洋の無人島。面積0.0005km²
めおといわ
①北海道、オホーツク海の無人島。面積0.005km²
②新潟県、日本海の無人島。面積0.0001km²

夫婦島　めおとじま
長崎県、東シナ海、五島列島の無人島。面積0.0002km²

〔74〕夷

¹⁰夷島　えびすじま
①秋田県、日本海の無人島。
②山口県、日本海の無人島。

〔75〕契

¹⁰契島　ちぎりじま
①広島県、瀬戸内海、芸予諸島の島。別読み：ちきりしま,ちぎりしま。面積0.0889km²
②愛媛県、豊後水道の無人島。面積0.1273km²

〔76〕奥

⁸奥武島　おうしま,おうじま
おうしま　沖縄県、東シナ海、琉球列島、沖縄諸島、慶良間諸島の無人島。
おうじま
①沖縄県、東シナ海、琉球列島、沖縄諸島の無人島。面積0.22km²
②沖縄県、太平洋、琉球列島、沖縄諸島の島。面積0.153km²
③沖縄県、東シナ海、琉球列島、沖縄諸島の島。別名：西奥武島（にしおうじま）。面積0.517km²

奥武端島　おうはじま
オーハ島（おーはじま）の別名。沖縄県、東シナ海、琉球列島、沖縄諸島の島。別名：東奥武島（ひがしおうじま）。面積0.3457km²

部首3画《女部》

[77] 女

[4] 女夫碆 みょうとばえ
高知県、太平洋の無人島。

女木島 めぎじま
香川県、瀬戸内海、備讃諸島の島。別名：鬼ケ島（おにがしま）。面積2.7226km²

[9] 女柱 めんばしら
山口県、日本海、六島諸島の無人島。面積0.0005km²

女郎子岩 じょろうこいわ
北海道、日本海の無人島。別名：女郎子島（じょろうこじま）。

女郎島 じょろうじま, じょろじま
じょろうじま
①岩手県、太平洋の無人島。
②静岡県、太平洋の無人島。面積0.00016km²
じょろじま　香川県、瀬戸内海、備讃諸島の無人島。面積0.0008km²

[10] 女島 おんなしま, めしま, めじま, めんじま
おんなしま　岩手県、太平洋の無人島。
めしま
①島根県、日本海の無人島。面積0.00036km²
②長崎県、東シナ海、男女群島の島。面積1.32km²
めじま
①静岡県、太平洋の無人島。面積0.00003km²
②京都府、日本海の無人島。面積0.0002km²
③島根県、日本海の無人島。面積0.0058km²
④福岡県、日本海の無人島。別読み：めしま。面積0.1466km²
めんじま
①山口県、日本海の無人島。面積0.001km²
②香川県、瀬戸内海、備讃諸島の無人島。面積0.021km²

[11] 女猫島 めねこじま
広島県、瀬戸内海、芸予諸島の無人島。面積0.0468km²

女鹿島 おんなかしま
山口県、日本海の無人島。面積0.001km²

[19] 女瀬 めぜ
佐賀県、玄界灘の無人島。面積0.0011km²

[78] 妹

[10] 妹島 いもうとじま, いもがしま
いもうとじま　東京都、太平洋、小笠原諸島、小笠原群島、母島列島の無人島。別名：ケルリ島（けるりとう）。面積1.31km²
いもがしま　友ケ島（ともがしま）の別名。和歌山県、紀伊水道の島群。別名：伴島（ともがしま）。面積2.495km²

女部（媒, 嫦, 孀） 子部（孔, 孫） 宀部（安）　　　　　　　　　　〔84〕

〔79〕媒

[10]媒島　なこうどじま
東京都、太平洋、小笠原諸島、小笠原群島、聟島列島の無人島。面積1.46km²

〔80〕嫦

[7]嫦我島　じょうがじま
長崎県、対馬海峡の無人島。面積0.0526km²

〔81〕孀

[11]孀婦岩　そうふがん
東京都、太平洋、伊豆諸島の無人島。別名：やもめ岩（やもめいわ）。面積0.01km²

部首3画《子部》

〔82〕孔

[10]孔島　くしま
和歌山県、太平洋の無人島。

〔83〕孫

[5]孫平根　まごへいね
東京都、太平洋、伊豆諸島の無人島。

部首3画《宀部》

〔84〕安

[5]安田ケ島　あだかじま
沖縄県、太平洋、琉球列島、沖縄諸島の無人島。面積0.0528km²

[8]安居島　あいじま
愛媛県、瀬戸内海の島。面積0.264km²

[9]安室牛瀬　あむるうしじ
沖縄県、東シナ海、琉球列島、沖縄諸島、慶良間諸島の無人島。

安室島　あむるじま
沖縄県、東シナ海、琉球列島、沖縄諸島、慶良間諸島の無人島。別読み：あむろじま。面積0.62km²

[11]安部オール島　あぶおーるぐわ
沖縄県、太平洋、琉球列島、沖縄諸島の無人島。面積0.0125km²

[12]安渡島　あんどじま
広島県、瀬戸内海の無人島。面積0.04km²

[15]安慶名敷島　あげなしくじま
沖縄県、東シナ海、琉球列島、沖縄諸島、慶良間諸島の無人島。面積0.083km²

難読/誤読 島嶼名漢字よみかた辞典

[85] 宇

宇治向島　うじむかえじま [8]

鹿児島県、東シナ海、宇治群島の無人島。別名：宇治島（うじしま），向島（むかえしま）。面積1.07km²

宇治島　うじしま，うっちま

うじしま
①広島県、瀬戸内海、芸予諸島の無人島。面積0.52km²
②宇治向島（うじむかえじま）の別名。鹿児島県、東シナ海、宇治群島の無人島。別名：向島（むかえしま）。面積1.07km²

うっちま　鹿児島県、東シナ海、宇治群島の無人島。別名：家島（いえじま）。面積0.0463km²

宇品島　うじなじま [9]

広島県、瀬戸内海の島。別名：向宇品（むこううじな）。

[86] 宍

宍道島　しんじじま [12]

島根県、日本海の無人島。

[87] 家

家島　いえしま，いえじま [10]

いえしま　兵庫県、瀬戸内海、家島諸島の島。別名：家島本島（いえしまほんじま）。別読み：いえじま，えじま。面積4.95km²

いえじま
①家島（えじま）の別読み。香川県、瀬戸内海、備讃諸島、直島諸島の島。面積0.33km²
②宇治島（うっちま）の別名。鹿児島県、東シナ海、宇治群島の無人島。面積0.0463km²

家島諸島　いえしましょとう

兵庫県、瀬戸内海の島群。別名：家島群島（いえしまぐんとう）。別読み：えじましょとう。

[88] 宿

宿毛碆　すくもばえ [4]

高知県、太平洋の無人島。面積0.0001km²

宿祢島　すくねしま [9]

広島県、瀬戸内海、芸予諸島の無人島。別読み：すくねじま。面積0.0074km²

[89] 寒

寒戸玉理島　かんどぎょくりじま [4]

愛媛県、瀬戸内海の島群。面積0.00017km²

寒風沢島　さぶさわじま [9]

宮城県、太平洋、松島諸島、浦戸諸島の島。別読み：さぶさわしま。面積1.3751km²

部首3画 《寸部》

[90] 対

[10] 対馬　つしま
長崎県、対馬海峡の島群。別名：対州（たいしゅう）。
面積709.77km²

対馬島　つしまじま
長崎県、対馬海峡の島。別名：対馬（つしま），津島（つしま）。
面積696.5km²

部首3画 《小部》

[91] 小

[2] 小八景島　こやけいじま
宮城県、太平洋の無人島。
面積0.0099km²

[3] 小三味礁　こみとこしょう
愛媛県、瀬戸内海、芸予諸島、上島諸島の無人島。

小与島　およしま
香川県、瀬戸内海、備讃諸島、塩飽諸島、与島諸島の島。別読み：こよしま。面積0.18km²

小千切島　こせんぎりじま
長崎県、対馬海峡の無人島。
面積0.046km²

小小島　ここじま
愛媛県、豊後水道の無人島。
面積0.0026km²

[4] 小手島　おてしま
香川県、瀬戸内海、備讃諸島、塩飽諸島の島。別読み：おでしま，こてしま。面積0.6km²

[5] 小平市島　こへいちじま
愛媛県、瀬戸内海、芸予諸島の無人島。面積0.05km²

小立神　こたちがみ
鹿児島県、東シナ海、薩南諸島、上三島の無人島。

小立神岩　こたてがみいわ
長崎県、五島灘の無人島。
面積0.00015km²

[6] 小伊唐島　こいからじま
鹿児島県、八代海の無人島。
面積0.0481km²

小名計根　こなばかりね
宮城県、太平洋の無人島。

小江島　こえのしま
宮城県、太平洋の無人島。
面積0.0035km²

小池島　おじしま，こいけじま
おじしま　愛媛県、豊後水道の無人

島。面積0.005km²

こいけじま
①長崎県、五島灘、九十九島の無人島。
②熊本県、島原湾、天草諸島、天草松島の無人島。面積0.0001km²

小児島 こごじま [7]

愛媛県、瀬戸内海、防予諸島、忽那諸島の無人島。面積0.002km²

小角力 こずもう

長崎県、五島灘、角力灘の無人島。面積0.001km²

小豆島 あずきじま，しょうどしま

あずきじま　香川県、瀬戸内海、備讃諸島の無人島。

しょうどしま　香川県、瀬戸内海、備讃諸島の島。別名：アヅキ島（あずきじま）。別読み：しょうずしま。面積152.45km²

小枇榔 こびろう [8]

宮崎県、太平洋の無人島。面積0.0034km²

小臥蛇島 こがじゃじま

鹿児島県、東シナ海、薩南諸島、吐噶喇列島の無人島。面積0.08km²

小飛島 ことびしま，こびしま [9]

ことびしま　長崎県、玄界灘、平戸諸島の無人島。面積0.0175km²

こびしま　岡山県、瀬戸内海、備讃諸島、笠岡諸島の島。面積0.3km²

小値賀島 おじかじま [10]

長崎県、対馬海峡、平戸諸島の島。面積12.97km²

小剣島 おつるぎじま

岡山県、瀬戸内海、備讃諸島、日生諸島の無人島。面積0.0123km²

小島 おしま，こしま，こじま

おしま
①三重県、太平洋の無人島。面積0.0006km²
②香川県、瀬戸内海、備讃諸島、塩飽諸島の無人島。面積0.34km²
③愛媛県、瀬戸内海、芸予諸島、来島諸島の島。別読み：こしま。面積0.43km²

こしま
①愛知県、太平洋の無人島。面積0.0018km²
②沓島（くつじま，くつしま）の別名。京都府、日本海の無人島。別名：北島（きたじま）。面積0.046km²
③徳島県、太平洋の無人島。面積0.024km²
④愛媛県、瀬戸内海、芸予諸島、上島諸島の無人島。
⑤長崎県、対馬海峡の無人島。面積0.003km²
⑥鹿児島県、東シナ海、薩南諸島、吐噶喇列島の無人島。面積0.2km²
⑦鹿児島県、太平洋、薩南諸島、大隅諸島の無人島。面積0.005km²
⑧沖縄県、東シナ海、琉球列島、先島諸島、八重山群島の無人島。面積0.37km²

こじま
①（北方領土）北海道、オホーツク海、千島列島、南千島の島。
②北海道、日本海の無人島。別名：渡島小島（おしまこじま），松前小

小部（小）　　　　　　　　　　　　　　　　　　　　　〔91〕

島（まつまえこじま）。
面積1.7km^2
③北海道、太平洋の島。別名：厚岸小島（あっけしこじま）。
面積0.05km^2
④北海道、太平洋の無人島。
⑤北海道、阿寒湖の無人島。別名：ポンモシリ。
⑥岩手県、太平洋の無人島。
面積0.00474km^2
⑦石川県、日本海の無人島。
面積0.0021km^2
⑧三重県、太平洋の無人島。
面積0.0003km^2
⑨三重県、太平洋の無人島。
⑩島根県、日本海の無人島。
⑪島根県、日本海、隠岐諸島の無人島。面積0.00125km^2
⑫広島県、瀬戸内海、芸予諸島の無人島。
⑬広島県、瀬戸内海、芸予諸島の無人島。面積0.0003km^2
⑭広島県、瀬戸内海、芸予諸島の無人島。面積0.072km^2
⑮山口県、瀬戸内海、周南諸島の無人島。面積0.001km^2
⑯山口県、瀬戸内海、熊毛群島の無人島。面積0.014km^2
⑰徳島県、太平洋の無人島。
面積0.0012km^2
⑱香川県、瀬戸内海、備讃諸島の無人島。面積0.31km^2
⑲香川県、瀬戸内海、備讃諸島の無人島。面積0.31km^2
⑳香川県、瀬戸内海、備讃諸島の無人島。面積0.01km^2
㉑香川県、瀬戸内海、備讃諸島の無人島。面積0.02km^2
㉒愛媛県、豊後水道の無人島。
面積0.0089km^2
㉓愛媛県、瀬戸内海、芸予諸島の無人島。面積0.00105km^2
㉔愛媛県、瀬戸内海、魚島群島の無人島。面積0.001km^2
㉕愛媛県、瀬戸内海、芸予諸島、上島諸島の無人島。
㉖愛媛県、瀬戸内海、防予諸島、忽那諸島の無人島。面積0.001km^2
㉗愛媛県、瀬戸内海、防予諸島、忽那諸島の無人島。面積0.0007km^2
㉘愛媛県、豊後水道の無人島。
㉙高知県、太平洋の無人島。
面積0.00003km^2
㉚高知県、太平洋の無人島。
面積0.0005km^2
㉛高知県、太平洋の無人島。
面積0.00002km^2
㉜高知県、太平洋の無人島。
面積0.00005km^2
㉝高知県、太平洋の無人島。
面積0.00795km^2
㉞高知県、太平洋の無人島。
面積0.0011km^2
㉟高知県、太平洋の無人島。
面積0.0001km^2
㊱高知県、太平洋の無人島。
面積0.0002km^2
㊲佐賀県、玄界灘の無人島。
面積0.0087km^2
㊳佐賀県、玄界灘の無人島。
面積0.00212km^2
㊴長崎県、対馬海峡、平戸諸島の無人島。面積0.02km^2
㊵長崎県、五島灘の無人島。
面積0.00063km^2
㊶長崎県、五島灘の無人島。
面積0.0015km^2
㊷長崎県、五島灘の無人島。
面積0.002km^2
㊸長崎県、対馬海峡、平戸諸島の無人島。面積0.0016km^2
㊹長崎県、対馬海峡、平戸諸島の無人島。面積0.01km^2
㊺長崎県、五島灘、平戸諸島の無人島。面積0.05626km^2
㊻長崎県、東シナ海、五島列島の無人島。面積0.23km^2
㊼長崎県、東シナ海、五島列島の無

人島。面積0.001km^2
㊽長崎県、東シナ海、五島列島の無人島。面積0.026km^2
㊾長崎県、対馬海峡の無人島。面積0.09km^2
㊿長崎県、対馬海峡の無人島。面積0.001km^2
(51)長崎県、対馬海峡の無人島。面積0.001km^2
(52)長崎県、対馬海峡の無人島。面積0.019km^2
(53)熊本県、八代海、天草諸島の無人島。面積0.0005km^2
(54)熊本県、八代海、天草諸島の無人島。面積0.0012km^2
(55)熊本県、八代海、天草諸島の無人島。面積0.04km^2
(56)熊本県、八代海、天草諸島の無人島。面積0.04km^2
(57)大分県、豊後水道の無人島。面積0.0003km^2
(58)大分県、豊後水道の無人島。面積0.0012km^2
(59)宮崎県、太平洋の無人島。面積0.012km^2
(60)鹿児島県、東シナ海の無人島。面積0.0035km^2
(61)鹿児島県、八代海の無人島。
(62)鹿児島県、鹿児島湾の無人島。別読み：こしま。面積0.002km^2
(63)鹿児島県、東シナ海の無人島。面積0.025km^2
(64)鹿児島県、東シナ海、甑島列島の無人島。面積0.011km^2
(65)鹿児島県、東シナ海、甑島列島の無人島。面積0.0005km^2
(66)鹿児島県、八代海の無人島。面積0.002km^2
(67)鹿児島県、八代海の無人島。面積0.00005km^2

小根　こね，しょうね

こね　東京都、太平洋、伊豆諸島の無人島。

しょうね　東京都、太平洋、小笠原諸島、小笠原群島、母島列島の無人島。

小根島　おねしま，こねじま

おねしま　千葉県、太平洋の無人島。

こねじま　宮城県、太平洋、松島諸島の無人島。

11 小情島　こなさけじま

広島県、瀬戸内海の無人島。面積0.06km^2

小黒島　おぐろしま，こぐろしま

おぐろしま　長崎県、対馬海峡、平戸諸島の無人島。面積0.057km^2

こぐろしま　島根県、日本海の無人島。面積0.001km^2

12 小場島　おばしま

宮崎県、太平洋の無人島。面積0.0089km^2

小蛭子島　こえびすじま

長崎県、五島灘、九十九島の無人島。面積0.0004km^2

13 小殿洲　こどんす

岡山県、瀬戸内海、備讃諸島、笠岡諸島の無人島。面積0.0069km^2

小豊島　おでしま

香川県、瀬戸内海、備讃諸島の島。別読み：こてしま，おてしま。面積1.11km^2

¹⁴小熊島　おぐまじま
広島県、瀬戸内海、芸予諸島の無人島。面積0.081km²

小蔦島　こずたじま
香川県、瀬戸内海、備讃諸島の無人島。別名：亀島（かめしま）。別読み：こつたじま。面積0.08km²

¹⁶小築海島　こずくみじま
三重県、太平洋の無人島。面積0.036km²

小蟇島　こがまじま
小蟇島（こひきじま）の別読み。長崎県、五島灘の無人島。面積0.015km²

小館場島　こたちばじま
愛媛県、瀬戸内海、防予諸島、忽那諸島の無人島。面積0.0408km²

¹⁹小麗女島　こうまめじま
広島県、瀬戸内海の無人島。面積0.0012km²

〔92〕尖

⁸尖岩　とがりいわ
尖岩（とんがりいわ）の別読み。北海道、日本海の無人島。面積0.00006km²

部首3画《尸部》

〔93〕屋

⁶屋地　やあじ
沖縄県、東シナ海、琉球列島、沖縄諸島の無人島。面積0.00078km²

屋地森　やあじむい
沖縄県、東シナ海、琉球列島、沖縄諸島の無人島。面積0.0013km²

⁷屋我地島　やがじじま
沖縄県、東シナ海、琉球列島、沖縄諸島の島。別名：古宇利島（こうりじま）。別読み：やがじしま。面積7.66km²

屋那覇島　やなはじま
沖縄県、東シナ海、琉球列島、沖縄諸島の無人島。面積9.82km²

¹¹屋部阿且地島　やぶあだんじじま
沖縄県、東シナ海、琉球列島、沖縄諸島の無人島。面積0.00259km²

¹⁴屋嘉比島　やかびじま
沖縄県、東シナ海、琉球列島、沖縄諸島、慶良間諸島の無人島。面積1.29km²

部首3画《山部》

[94] 山

[2] 山入端阿旦地島 やまのはあだんじじま
沖縄県、東シナ海、琉球列島、沖縄諸島の無人島。面積0.00355km^2

[10] 山案中島 やまあんじゅしま
長崎県、東シナ海、五島列島の無人島。面積0.005km^2

[95] 岡

[15] 岡蕪島 おかのかぶしま
愛媛県、豊後水道の無人島。
面積0.0035km^2

[96] 岩

[3] 岩子島 いわしじま
広島県、瀬戸内海、芸予諸島の島。別読み：いわこじま。
面積2.45km^2

[9] 岩城島 いわぎしま
愛媛県、瀬戸内海、芸予諸島、上島諸島の島。別読み：いわきじま、いわぎじま。面積8.79km^2

[11] 岩黒島 いくろじま
香川県、瀬戸内海、備讃諸島、塩飽諸島、与島諸島の島。別読み：いぐろじま、いわぐろしま。
面積0.16km^2

[97] 島

[5] 島台 とたい
島根県、日本海の無人島。
面積0.0129km^2

島石 といいし
沖縄県、東シナ海、琉球列島、沖縄諸島の無人島。面積0.00018km^2

[9] 島前 どうぜん
島根県、日本海、隠岐諸島の島群。
別読み：とうぜん。

島後 どうご
島根県、日本海、隠岐諸島の島。
別読み：とうご。面積244.29km^2

[10] 島浦島 しまうらとう，しまのうらじま
しまうらとう　宮崎県、太平洋の島。別名：島野浦島（しまのうらじま，しまのうらしま）。
面積283km^2
しまのうらじま　長崎県、対馬海峡の無人島。面積0.005km^2

[98] 崩

[17] 崩磯 くずれいそ
愛媛県、瀬戸内海、防予諸島、忽那諸島の無人島。面積0.0001km^2

[99] 嶮

[14] 嶮暮帰島 けねぼくしま
嶮暮帰島（けんぽっけとう，けんぽっきとう）の別読み。北海道、

巛部（川）工部（巨,差）己部（巴,巽）巾部（巾,市,布）　　　　〔107〕

太平洋の無人島。

部首3画 《巛部》

〔100〕川

川辺七島　かわなべしちとう
吐噶喇列島（とかられっとう）の別名。鹿児島県、東シナ海、南西諸島、薩南諸島の島群。別名：吐噶喇七島（とからしちとう），宝七島（たからしちとう），下七島（しもしちとう），沖七島（おきのしちとう）。

川辺十島　かわなべじゅっとう
鹿児島県、東シナ海の島群。

部首3画 《工部》

〔101〕巨

巨　きょう
沖縄県、太平洋、琉球列島、沖縄諸島の無人島。面積0.00188km²

〔102〕差

差出島　さすでしま
岡山県、瀬戸内海、備讃諸島、笠岡諸島の無人島。面積0.0447km²

部首3画 《己部》

〔103〕巴

巴理島　びりしま
愛媛県、豊後水道の無人島。面積0.0149km²

〔104〕巽

巽島　たつみじま
東京都、太平洋、小笠原諸島、小笠原群島、父島列島の無人島。

部首3画 《巾部》

〔105〕巾

巾着岩　きんちゃくいわ
岩手県、太平洋の無人島。

巾着島　きんちゃくじま
宮崎県、太平洋の無人島。

〔106〕市

市杵島　いちきしま
大分県、瀬戸内海の無人島。面積0.00001km²

〔107〕布

布袋島　ほていじま
宮城県、太平洋、松島諸島の無人島。面積0.011km²

難読/誤読 島嶼名漢字よみかた辞典　33

[108] 帷

帷子磯　かたびらいそ[3]

愛媛県、瀬戸内海の無人島。

[109] 幣

幣ノ島　しでのしま

三重県、太平洋の無人島。

幣振島　へぶりしま[10]

山口県、瀬戸内海、防予諸島、周防大島諸島の無人島。面積0.06km^2

部首3画《干部》

[110] 平

平内島　へなじま[4]

愛媛県、瀬戸内海、芸予諸島、上島諸島の無人島。面積0.13km^2

平市島　へいちじま[5]

愛媛県、瀬戸内海、芸予諸島の無人島。面積0.25km^2

平安座島　へんざじま[6]

沖縄県、太平洋、琉球列島、沖縄諸島、与勝諸島の島。面積2.73km^2

平良島　たいらじま[7]

中甑島(なかこしきじま)の別名。鹿児島県、東シナ海、甑島列島の島。面積6.93km^2

平島　たいらしま、ひらしま、ひらじま、へしま[10]

たいらしま　鹿児島県、東シナ海、薩南諸島、吐噶喇列島の島。別読み：たいらじま。面積1.99km^2

ひらしま
①北海道、宗谷海峡の無人島。面積0.002km^2
②宮城県、太平洋の無人島。面積0.058km^2
③千葉県、東京湾の無人島。面積0.00003km^2
④千葉県、太平洋の無人島。面積0.0009km^2
⑤千葉県、東京湾の無人島。面積0.006km^2
⑥聟島(むこじま、むこしま)の別名。東京都、太平洋、小笠原諸島、小笠原群島、聟島列島の無人島。別名：ケーター島(けーたーとう)。面積2.98km^2
⑦神奈川県、太平洋の無人島。面積0.01021km^2
⑧新潟県、日本海の無人島。面積0.00015km^2
⑨新潟県、日本海の無人島。面積0.0002km^2
⑩和歌山県、太平洋の無人島。面積0.001km^2
⑪島根県、日本海の無人島。
⑫島根県、日本海の無人島。面積0.00024km^2
⑬島根県、日本海の無人島。面積0.00003km^2
⑭島根県、日本海の無人島。面積0.00035km^2
⑮島根県、日本海の無人島。面積0.0005km^2
⑯山口県、瀬戸内海、周南諸島の無人島。面積0.0942km^2
⑰山口県、日本海の無人島。
⑱長崎県、島原湾、九十九島(つくもじま)の無人島。面積0.0085km^2

干部（平）

⑲長崎県、五島灘の島。
面積5.986km^2
⑳長崎県、対馬海峡、平戸諸島の無人島。面積0.117km^2
㉑長崎県、対馬海峡の無人島。
面積0.082km^2
㉒沖縄県、太平洋、琉球列島、沖縄諸島の無人島。面積0.01km^2

ひらじま
①北海道、日本海の無人島。
面積0.01km^2
②東京都、太平洋、小笠原諸島、小笠原群島、母島列島の無人島。別読み：ひらしま。面積0.58km^2
③新潟県、日本海の無人島。
面積0.0064km^2
④石川県、日本海の無人島。
面積0.0013km^2
⑤和歌山県、太平洋の無人島。
面積0.0001km^2
⑥島根県、日本海の無人島。
面積0.0001km^2
⑦島根県、日本海、隠岐諸島の無人島。面積0.0016km^2
⑧島根県、日本海、隠岐諸島の無人島。面積0.0021km^2
⑨島根県、日本海、隠岐諸島の無人島。面積0.0012km^2
⑩島根県、日本海、隠岐諸島の無人島。面積0.0008km^2

へしま 三ツ島（みつしま）の別名。三重県、太平洋の無人島。
面積0.0147km^2

平郡島 へいぐんとう
山口県、瀬戸内海の島。別読み：へぐりじま，へいぐんじま。
面積17.86km^2

平婆岩 ひらばそいわ
兵庫県、瀬戸内海の無人島。
面積0.0008km^2

平瀬 ひらじ，ひらせ，ひらぜ

ひらじ 沖縄県、東シナ海、琉球列島、沖縄諸島、慶良間諸島の無人島。

ひらせ
①和歌山県、太平洋の無人島。
面積0.004km^2
②山口県、瀬戸内海の無人島。
面積0.0025km^2
③山口県、日本海の無人島。
面積0.001km^2
④山口県、日本海の無人島。
⑤山口県、日本海の無人島。
面積0.0007km^2
⑥山口県、日本海の無人島。
面積0.0005km^2
⑦山口県、日本海の無人島。
面積0.001km^2
⑧山口県、日本海の無人島。
⑨福岡県、玄界灘の無人島。
面積0.00024km^2
⑩佐賀県、玄界灘の無人島。
面積0.002km^2
⑪佐賀県、玄界灘の無人島。
面積0.0014km^2
⑫佐賀県、玄界灘の無人島。
面積0.0015km^2
⑬長崎県、橘湾の無人島。
面積0.00014km^2
⑭長崎県、五島灘、九十九島の無人島。面積0.0058km^2
⑮長崎県、五島灘、平戸諸島の無人島。面積0.049km^2
⑯長崎県、東シナ海、五島列島の無人島。面積0.0004km^2
⑰長崎県、東シナ海、五島列島の無人島。面積0.0004km^2
⑱長崎県、東シナ海、五島列島の無人島。面積0.0003km^2
⑲長崎県、対馬海峡、平戸諸島の無人島。面積0.01km^2
⑳長崎県、対馬海峡、平戸諸島の無

人島。面積0.001km^2
㉑長崎県、五島灘の無人島。面積0.00013km^2
㉒長崎県、天草灘の無人島。面積0.00015km^2
㉓長崎県、五島灘の無人島。面積0.015km^2
㉔長崎県、五島灘の無人島。
㉕長崎県、対馬海峡、平戸諸島の無人島。面積0.0041km^2
㉖長崎県、東シナ海、五島列島の無人島。面積0.024km^2
㉗長崎県、東シナ海、五島列島の無人島。面積0.005km^2
㉘長崎県、東シナ海、五島列島の無人島。面積0.0007km^2
㉙長崎県、東シナ海、五島列島の無人島。面積0.0002km^2
㉚長崎県、対馬海峡の無人島。面積0.0003km^2
㉛長崎県、対馬海峡の無人島。面積0.01km^2
㉜長崎県、対馬海峡の無人島。面積0.015km^2
㉝長崎県、対馬海峡の無人島。面積0.0003km^2
㉞熊本県、天草灘、天草諸島の無人島。面積0.0003km^2
㉟熊本県、天草灘、天草諸島の無人島。面積0.001km^2
㊱熊本県、八代海、天草諸島の無人島。面積0.001km^2
㊲宮崎県、太平洋の無人島。面積0.00025km^2
㊳鹿児島県、東シナ海の無人島。面積0.0003km^2
㊴吐噶喇平瀬（とからひらせ）の別名。鹿児島県、東シナ海、薩南諸島、吐噶喇列島の無人島。
㊵鹿児島県、東シナ海、薩南諸島、吐噶喇列島の無人島。
㊶鹿児島県、東シナ海、薩南諸島、吐噶喇列島の無人島。
㊷鹿児島県、東シナ海の無人島。面積0.00005km^2
㊸鹿児島県、東シナ海、甑島列島の無人島。面積0.00003km^2
㊹鹿児島県、東シナ海、甑島列島の無人島。面積0.00004km^2
㊺鹿児島県、東シナ海、甑島列島の無人島。面積0.00004km^2
㊻鹿児島県、東シナ海、甑島列島の無人島。
㊼鹿児島県、東シナ海、甑島列島の無人島。面積0.00005km^2
㊽鹿児島県、東シナ海の無人島。面積0.012km^2
㊾鹿児島県、太平洋、薩南諸島、奄美群島の無人島。面積0.00594km^2

ひらぜ　長崎県、対馬海峡の無人島。面積0.0003km^2

平羅島　へらしま

広島県、瀬戸内海、芸予諸島の無人島。面積0.15km^2

平離島　ひらばなりしま

沖縄県、東シナ海、琉球列島、先島諸島、八重山群島の無人島。面積0.02km^2

部首3画《广部》

〔111〕度

[10] 度島　たくしま

長崎県、対馬海峡、平戸諸島の島。別読み：たくじま。面積3.45km^2

弓部(弓,引) 彑部(当) 彳部(後,待,従)

部首3画《弓部》

[112] 弓

[7] 弓杖島　ゆずえしま
愛媛県、瀬戸内海の無人島。面積0.0087km²

[9] 弓削島　ゆげしま
愛媛県、瀬戸内海、芸予諸島、上島諸島の島。別読み：ゆげじま。面積10.06km²

[113] 引

[10] 引通島　ひきどおしじま
宮城県、太平洋、松島諸島の無人島。面積0.032km²

部首3画《彑部》

[114] 当

[6] 当地　あたふじ
沖縄県、東シナ海、琉球列島、沖縄諸島の無人島。面積0.0013km²

部首3画《彳部》

[115] 後

後アダンジ　くしあだんじ
沖縄県、東シナ海、琉球列島、沖縄諸島の無人島。面積0.00125km²

[5] 後平島　うしろひらじま
島根県、日本海、隠岐諸島の無人島。面積0.0009km²

[10] 後島　うしろじま，くしち
うしろじま　東京都、太平洋、小笠原諸島、小笠原群島、聟島列島の無人島。面積0.05km²
くしち　伊平屋島（いへやじま）の別名。沖縄県、東シナ海、琉球列島、沖縄諸島の島。別名：田名島（たなじま）。面積21.22km²

[15] 後慶良間　くしけらま
沖縄県、東シナ海の島群。別読み：くしぎらま。

[116] 待

[10] 待島　まつしま，まてじま
まつしま　宮城県、太平洋の無人島。面積0.00198km²
まてじま　鹿児島県、八代海の無人島。面積0.0003km²

[15] 待潮根　まちしね
東京都、太平洋、伊豆諸島の無人島。面積0.0002km²

[117] 従

[5] 従兄弟石　いとこいし
東京都、太平洋、伊豆諸島の無人島。面積0.0006km²

[118] 御

[4] 御五神島　おいつかみじま
愛媛県、豊後水道の無人島。面積1.32km²

御手洗島　みたらいじま
大崎下島（おおさきしもじま）の別名。広島県、瀬戸内海、芸予諸島の島。別名：大長島（おおちょうじま）。面積17.57km²

[5] 御立島　たつじま
島根県、日本海の無人島。面積0.00124km²

[6] 御成磴　おなりばえ
徳島県、紀伊水道の無人島。面積0.00204km²

[7] 御床島　みとこしま，みとこじま
みとこしま　愛媛県、瀬戸内海、芸予諸島の無人島。面積0.0003km²
みとこじま　長崎県、五島灘の無人島。面積0.065km²

[9] 御神島　おがみじま
福井県、日本海の無人島。面積0.2249km²

御神根島　おがみねじま，ごしねじま
おがみねじま　千葉県、太平洋の無人島。
ごしねじま　千葉県、太平洋の無人島。面積0.00001km²

[11] 御鳥居島　おおとりいじま
島根県、日本海、隠岐諸島、島前の無人島。面積0.0002km²

[12] 御厩島　うまやじま
島根県、日本海の無人島。面積0.00046km²

御厨島　みくりやじま
石川県、日本海、七ツ島の無人島。面積0.016km²

[15] 御蔵島　みくらじま
東京都、太平洋、伊豆諸島、伊豆七島の島。面積19.62km²

[16] 御積島　おしゃくじま
山形県、日本海の無人島。

[19] 御瀬　みせ
鹿児島県、太平洋、薩南諸島、奄美群島の無人島。面積0.00002km²

部首4画《心部》

[119] 応

[20] 応護島　おこじま
長崎県、東シナ海、五島列島の無人島。面積0.0002km²

[120] 志

[9] 志発島　しぼつとう
（北方領土）北海道、オホーツク海、千島列島、南千島、歯舞諸島

の島。別名：志勃島（しぼつとう），塩津島（しぼつとう）。別読み：しほつとう。面積45.0km²

[12]志賀島　しかのしま
福岡県、玄界灘の島。別読み：しかしま。面積5.72km²

〔121〕怪

[10]怪島　けしま
愛媛県、瀬戸内海の無人島。面積0.0233km²

〔122〕忽

[7]忽那島　くつなじま
中島（なかじま）の別名。愛媛県、瀬戸内海、防予諸島、忽那諸島の島。別名：骨奈島（こつなじま）。面積21.6km²

忽那諸島　くつなしょとう
愛媛県、瀬戸内海、防予諸島の島群。

〔123〕怒

[8]怒和島　ぬわじま
愛媛県、瀬戸内海、防予諸島、忽那諸島の島。別読み：ぬわしま。面積4.77km²

〔124〕恩

[13]恩馳島　おんばせじま
東京都、太平洋、伊豆諸島の無人島。面積0.04km²

〔125〕情

[10]情島　なさけじま
①広島県、瀬戸内海の島。面積0.69km²
②山口県、瀬戸内海、防予諸島、周防大島諸島の島。面積1.11km²

〔126〕愛

[24]愛鷹岩　あしたかいわ
静岡県、太平洋の無人島。面積0.00001km²

〔127〕慶

[7]慶良間諸島　ぎらましょとう
慶良間諸島（けらましょとう）の別読み。沖縄県、東シナ海、南西諸島、琉球列島、沖縄諸島の島群。

[10]慶留間島　げるまじま
沖縄県、東シナ海、琉球列島、沖縄諸島、慶良間諸島の島。別読み：けるまじま。面積1.22km²

部首4画《戈部》

〔128〕戎

[10]戎島　えびすじま
①和歌山県、太平洋の無人島。面積0.00033km²
②山口県、日本海の無人島。面積0.00214km²
③熊本県、八代海、天草諸島の無人島。面積0.002km²

戈部（戉）戸部（戸）手部（手, 折, 択, 投, 拝）

¹³戎磯　えびすばい

高知県、太平洋の無人島。
面積0.0002km²

〔129〕戉

¹⁰戉島　いぬしま

長崎県、五島灘、九十九島の無人島。面積0.0124km²

部首4画《戸部》

〔130〕戸

¹⁰戸島　としま，とじま，へしま

としま　熊本県、天草灘、天草諸島の無人島。面積0.47km²
とじま
①山形県、日本海の無人島。
②三重県、太平洋の無人島。
　面積0.0003km²
③京都府、日本海の無人島。
　面積0.0044km²
④島根県、日本海、隠岐諸島の無人島。面積0.0001km²
⑤愛媛県、豊後水道の島。
　面積2.41km²
へしま　高知県、太平洋の島。別読み：へじま。面積0.37km²

部首4画《手部》

〔131〕手

⁸手長島　たながしま，てながじま

たながしま　長崎県、対馬海峡の無人島。面積0.026km²
てながじま　山口県、日本海の無人島。

〔132〕折

¹⁰折島　おれしま

長崎県、東シナ海、五島列島の無人島。別読み：おりしま。
面積0.319km²

〔133〕択

¹⁰択捉島　えとろふとう

（北方領土）北海道、オホーツク海、千島列島、南千島の島。別名：恵土呂府島（えとろふとう），イトゥルプ島（Iturup）。
面積3,165.14km²

〔134〕投

⁵投石礁　なげしべ

宮崎県、太平洋の無人島。
面積0.0001km²

〔135〕拝

拝み崎　うがんざち

沖縄県、東シナ海、琉球列島、沖縄諸島の無人島。面積0.001km²

手部（拳）支部（敲）文部（斎, 斑）斤部（新）日部（日, 早, 昆）　　〔143〕

〔136〕拳

[17]拳螺碆　さざえばや
愛媛県、豊後水道の無人島。

部首4画《支部》

〔137〕敲

[10]敲島　しまじま
新潟県、日本海の無人島。
面積0.0006km^2

部首4画《文部》

〔138〕斎

[10]斎島　いつきじま
広島県、瀬戸内海、芸予諸島の島。
面積0.7km^2

〔139〕斑

[10]斑島　まだらしま
長崎県、対馬海峡、平戸諸島の島。
別読み：まだらじま。
面積1.608km^2

部首4画《斤部》

〔140〕新

[8]新所の島　にしょのしま
北海道、根室海峡の無人島。
面積0.07km^2

[9]新城島　あらぐすくじま
沖縄県、太平洋、琉球列島、先島諸島、八重山群島の島。別名：離り島（ぱなりじま）。面積3.38km^2

[10]新島　しんじま, にいじま
しんじま　鹿児島県、鹿児島湾の島。別名：燃島（もえじま）。
面積0.11km^2
にいじま　東京都、太平洋、伊豆諸島、伊豆七島の島。面積22.8km^2

[13]新溝　みいんず
沖縄県、東シナ海、琉球列島、沖縄諸島の無人島。面積0.01km^2

部首4画《日部》

〔141〕日

[10]日振島　ひぶりしま
愛媛県、豊後水道の島。別読み：ひぶりじま。面積3.25km^2

〔142〕早

[13]早福瀬　はいふくぜ
長崎県、対馬海峡、平戸諸島の無人島。面積0.007km^2

〔143〕昆

[5]昆布島　こぶしま
福岡県、玄界灘の無人島。
面積0.00522km^2

難読/誤読 島嶼名漢字よみかた辞典　*41*

[144] 明

[6] 明地島　みょうじしま
岡山県、瀬戸内海、備讃諸島、笠岡諸島の無人島。面積0.0799km²

[9] 明神島　みょうじんしま，みょうじんとう
みょうじんしま
①岡山県、瀬戸内海、備讃諸島、日生諸島の無人島。面積0.005km²
②愛媛県、瀬戸内海、四阪島の無人島。面積0.41km²
みょうじんとう　三重県、太平洋の無人島。面積0.0006km²

[10] 明島　めいじま
島根県、日本海の無人島。
面積0.008km²

[20] 明礬島　みょうばんじま
長崎県、対馬海峡の無人島。
面積0.01km²

部首4画《月部》

[145] 有

[10] 有竜島　うりゅうじま
広島県、瀬戸内海、芸予諸島の無人島。面積0.0055km²

[13] 有福島　ありふくじま
長崎県、東シナ海、五島列島の島。
別読み：ありふくしま。
面積2.72km²

部首4画《木部》

[146] 木

[5] 木生島　きうじま
三重県、太平洋の無人島。別名：黒島（くろしま）。面積0.0033km²

[12] 木場立神　こばたちがみ
鹿児島県、東シナ海、薩南諸島、吐噶喇列島の無人島。

[147] 本

[3] 本久島　ほんくじま
長崎県、東シナ海、五島列島の無人島。面積0.004km²

[148] 末

[10] 末島　まつしま
長崎県、大村湾の無人島。
面積0.001km²

[149] 朴

[10] 朴島　ほうじま
宮城県、太平洋、松島諸島、浦戸諸島の島。別名：宝島（ほうじま）。面積0.145km²

[150] 杓

[10] 杓島　ひしゃくしま
岡山県、瀬戸内海、備讃諸島、児島諸島の無人島。面積0.008km²

木部（来, 枝, 松）

〔151〕来

来島　くるしま [10]
① 広島県、瀬戸内海、芸予諸島の無人島。面積0.0947km²
② 愛媛県、瀬戸内海、芸予諸島、来島諸島の島。面積0.09km²

来間島　くりまじま [12]
沖縄県、東シナ海、琉球列島、先島諸島、宮古群島の島。別読み：くれましま。面積2.85km²

〔152〕枝

枝手久島　えだてくじま [4]
鹿児島県、東シナ海、薩南諸島、奄美群島の無人島。面積5.45km²

〔153〕松

松島　はちしま，まつしま，まつじま [10]
はちしま　愛媛県、瀬戸内海、芸予諸島の無人島。面積0.0015km²

まつしま
① 岩手県、太平洋の無人島。面積0.0003km²
② 岩手県、太平洋の無人島。面積0.0024km²
③ 岩手県、太平洋の無人島。面積0.0018km²
④ 岩手県、太平洋の無人島。
⑤ 岩手県、太平洋の無人島。面積0.001km²
⑥ 岩手県、太平洋の無人島。面積0.002km²
⑦ 岩手県、太平洋の無人島。面積0.0005km²
⑧ 松島諸島（まつしましょとう）の別名。宮城県、太平洋の島群。
⑨ 宮城県、太平洋の無人島。面積0.00035km²
⑩ 宮城県、太平洋の無人島。面積0.006km²
⑪ 宮城県、太平洋の無人島。面積0.0009km²
⑫ 宮城県、太平洋の無人島。面積0.0002km²
⑬ 宮城県、太平洋の無人島。面積0.003km²
⑭ 新潟県、日本海の無人島。面積0.0001km²
⑮ 新潟県、日本海の無人島。面積0.0006km²
⑯ 石川県、日本海の無人島。面積0.003km²
⑰ 石川県、日本海の無人島。面積0.0003km²
⑱ 愛知県、太平洋の無人島。
⑲ 愛知県、太平洋の無人島。面積0.0045km²
⑳ 兵庫県、瀬戸内海、家島諸島の無人島。面積0.3354km²
㉑ 兵庫県、日本海の無人島。面積0.0006km²
㉒ 千貫松島（せんがんまつしま）の別名。鳥取県、日本海の無人島。
㉓ 島根県、中海の無人島。面積0.001km²
㉔ 島根県、日本海の無人島。
㉕ 島根県、日本海の無人島。面積0.00169km²
㉖ 島根県、中海の無人島。面積0.0052km²
㉗ 島根県、日本海の無人島。面積0.004km²
㉘ 島根県、日本海の無人島。面積0.00099km²
㉙ 島根県、日本海、隠岐諸島の無人島。面積0.0026km²
㉚ 島根県、日本海、隠岐諸島の無人島。面積0.0014km²

㉛竹島（たけしま,たけじま）の別名。島根県、日本海の島。面積0.23km^2
㉜島根県、日本海、隠岐諸島の無人島。面積0.0045km^2
㉝島根県、日本海、隠岐諸島の無人島。面積0.034km^2
㉞島根県、日本海、隠岐諸島、島前の無人島。面積0.7771km^2
㉟岡山県、瀬戸内海、備讃諸島、児島諸島の島。面積0.0813km^2
㊱山口県、日本海、六島諸島の無人島。面積0.003km^2
㊲山口県、日本海の無人島。面積0.0005km^2
㊳山口県、日本海、六島諸島の無人島。面積0.0005km^2
㊴山口県、日本海の無人島。
㊵山口県、日本海の無人島。面積0.002km^2
㊶香川県、瀬戸内海、備讃諸島の無人島。面積0.00354km^2
㊷香川県、瀬戸内海、備讃諸島、直島諸島の無人島。面積0.01km^2
㊸愛媛県、瀬戸内海、芸予諸島の無人島。面積0.03km^2
㊹二神島（ふたがみじま,ふたかみじま）の別名。愛媛県、瀬戸内海、防予諸島、忽那諸島の島。面積2.14km^2
㊺愛媛県、太平洋の無人島。面積0.00115km^2
㊻愛媛県、豊後水道の無人島。
㊼高知県、太平洋の無人島。面積0.001km^2
㊽佐賀県、玄界灘の無人島。面積0.0021km^2
㊾佐賀県、玄界灘の島。面積0.63km^2
㊿長崎県、五島灘の無人島。面積0.00952km^2
(51)長崎県、玄界灘、平戸諸島の無人島。面積0.0159km^2
(52)長崎県、五島灘の島。面積5.98km^2
(53)長崎県、玄界灘、平戸諸島、イロハ島の無人島。
(54)長崎県、対馬海峡の無人島。面積0.001km^2
(55)長崎県、対馬海峡の無人島。面積0.002km^2
(56)長崎県、対馬海峡の無人島。面積0.002km^2
(57)宮崎県、太平洋の無人島。面積0.0056km^2
(58)鹿児島県、東シナ海の無人島。面積0.0004km^2
(59)鹿児島県、東シナ海の無人島。面積0.03km^2
(60)鹿児島県、東シナ海、甑島列島の無人島。面積0.006km^2
(61)鹿児島県、東シナ海、甑島列島の無人島。面積0.004km^2

まつじま　島根県、日本海、隠岐諸島の無人島。面積0.002km^2

〔154〕東

東イチュンザ　あがりいちゅんじゃ

沖縄県、東シナ海、琉球列島、沖縄諸島の無人島。面積0.001km^2

9
東泉島　とうせんじま

長崎県、対馬海峡の無人島。面積0.014km^2

東風防島　こちぼうじま

長崎県、対馬海峡の無人島。面積0.001km^2

木部（枇, 栄, 根, 桃, 楞, 椛, 梔, 桴, 棚, 椚, 構）

[155] 枇

[13] 枇榔島　びろうじま
①宮崎県、太平洋の無人島。
面積0.0426km²
②沖秋目島（おきあきめじま）の別名。鹿児島県、東シナ海の無人島。別名：秋目島（あきめじま）。
面積0.623km²
③鹿児島県、太平洋の無人島。
面積0.1824km²
④鹿児島県、太平洋の無人島。
面積0.0542km²

[156] 栄

[17] 栄螺磯　さざえばえ
高知県、太平洋の無人島。
面積0.0005km²

[157] 根

[3] 根子島　ねぎじま
和歌山県、太平洋、紀ノ松島の無人島。面積0.00004km²

[158] 桃

[16] 桃頭島　とがしま
三重県、太平洋の無人島。別読み：とがしらじま。面積0.9926km²

[159] 楞

[10] 楞島　おおこじま
長崎県、対馬海峡、平戸諸島の無人島。面積0.0133km²

[160] 椛

[10] 椛島　かばしま
長崎県、東シナ海、五島列島の島。別名：樺島（かばしま）、五島樺島（ごとうかばしま）。面積8.76km²

[161] 梔

[10] 梔島　くちなしじま
前島（まえじま）の別名。岡山県、瀬戸内海、備讃諸島の無人島。
面積0.925km²

[162] 桴

[17] 桴磯　いかだいそ
愛媛県、瀬戸内海の無人島。
面積0.00247km²

[163] 棚

[8] 棚林島　たるばしじま
愛媛県、瀬戸内海、芸予諸島の無人島。面積0.02km²

[164] 椚

[10] 椚島　くぐしま
熊本県、八代海、天草諸島の無人島。面積0.0926km²

[165] 構

[19] 構瀬　みぞせ
長崎県、対馬海峡の無人島。別名：構ノ瀬（みぞのせ）。
面積0.006km²

[166] 樋

[6] 樋合島　ひあいじま
熊本県、島原湾、天草諸島、天草松島の島。面積0.2916km^2

[167] 機

[8] 機具岩　はたぐいわ
石川県、日本海の無人島。面積0.00003km^2

[168] 櫃

[5] 櫃石島　ひついしじま
香川県、瀬戸内海、備讃諸島、塩飽諸島、与島諸島の島。面積0.85km^2

[10] 櫃島　ひつしま
山口県、日本海、六島諸島の島。別名：志都島（しつしま）。別読み：ひつぎしま。面積0.4973km^2

[169] 櫂

[7] 櫂投島　かいなげじま
徳島県、太平洋の無人島。面積0.0023km^2

部首4画《止部》

[170] 武

[4] 武井ノ島　むいのしま
北海道、津軽海峡の無人島。面積0.017km^2

[7] 武志島　むしじま
愛媛県、瀬戸内海、芸予諸島、来島諸島の無人島。面積0.06747km^2

[171] 歩

[12] 歩渡島　ぶとじま
香川県、瀬戸内海、備讃諸島、塩飽諸島、与島諸島の無人島。面積0.0123km^2

[172] 歯

[15] 歯舞諸島　はぼまいしょとう
（北方領土）北海道、根室海峡、千島列島、南千島の島群。別名：歯舞群島（はぼまいぐんとう），水晶諸島（すいしょうしょとう）。面積101.6km^2

部首4画《毛部》

[173] 毛

[12] 毛無石　けないし
和歌山県、紀伊水道の無人島。面積0.00015km^2

部首4画《水部》

[174] 水

[10] 水納島　みんなしま，みんなじま
みんなしま　沖縄県、東シナ海、琉球列島、先島諸島、宮古群島の島。

水部（江,汐,池,沖）

別読み：みんなじま。
面積2.51km^2

みんなじま　沖縄県、東シナ海、琉球列島、沖縄諸島の島。別読み：みんなしま。面積0.56km^2

[12] 水越島　みずごしじま，みずこしま

みずごしじま　石川県、日本海の無人島。面積0.01km^2

みずこしま　愛媛県、豊後水道の無人島。面積0.0001km^2

[15] 水潜瀬　みずぐりせ

新潟県、日本海の無人島。面積0.0004km^2

[19] 水鶏島　くいなじま

岩手県、太平洋の無人島。面積0.001km^2

〔175〕江

[4] 江仁屋離島　えにやばなれじま

鹿児島県、太平洋、薩南諸島、奄美群島の無人島。面積0.31km^2

〔176〕汐

[5] 汐出磯　しゅうでいそ

愛媛県、瀬戸内海の無人島。

〔177〕池

[10] 池島　いけしま，いけじま，いけのしま

いけしま
①和歌山県、太平洋の無人島。面積0.00055km^2
②和歌山県、太平洋の無人島。面積0.0001km^2
③長崎県、五島灘の島。別読み：いけじま。面積0.9km^2

いけじま　熊本県、島原湾、天草諸島、天草松島の無人島。面積0.001km^2

いけのしま　宮城県、太平洋の無人島。面積0.004km^2

〔178〕沖

沖ノ岸台島　おきのかんだいしま

長崎県、五島灘の無人島。面積0.0077km^2

沖ノ磯　おきのそ

愛媛県、豊後水道の無人島。

[3] 沖大東島　おきのおおあがりじま，おきのだいとうじま

おきのおおあがりじま　沖大東島（おきのだいとうじま）の別読み。沖縄県、太平洋、琉球列島、大東諸島の無人島。別名：ラサ島,沖ノ大東島（おきのだいとうじま）。別読み：おきだいとうじま,おきのおおあがりじま。面積2.2km^2

おきのだいとうじま　沖縄県、太平洋、琉球列島、大東諸島の無人島。別名：ラサ島,沖ノ大東島（おきのだいとうじま）。別読み：おきだいとうじま,おきのおおあがりじま。面積2.2km^2

沖小島　おきこじま，おこがじま

おきこじま　鹿児島県、鹿児島湾

の無人島。面積0.0786km²

おこがじま　鹿児島県、鹿児島湾の無人島。

沖永良部島　おきえらぶじま [5]

沖永良部島（おきのえらぶじま）の別読み。鹿児島県、太平洋、薩南諸島、奄美群島の島。
面積94.54km²

沖辻石　おきのつじいし

島根県、日本海の無人島。
面積0.0001km²

沖安甫島　おきあんぽじま [6]

長崎県、大村湾の無人島。
面積0.004km²

沖島　おきしま，おきじま，おきのしま [10]

おきしま
①愛知県、太平洋の無人島。別名：猿ケ島（さるがしま）、弁天島（べんてんじま）。面積0.0347km²
②島根県、日本海の無人島。
③山口県、瀬戸内海、周防諸島の無人島。面積0.0458km²

おきじま　島根県、日本海、隠岐諸島、島前の無人島。
面積0.0001km²

おきのしま
①福井県、日本海、水島の無人島。面積0.008km²
②滋賀県、琵琶湖の島。別名：奥島（おくしま），沖ノ島（おきのしま）。面積1.5km²
③和歌山県、太平洋の無人島。
④長崎県、対馬海峡の無人島。面積0.05km²

⑤長崎県、対馬海峡の無人島。別名：沖ノ島（おきのしま）。
面積0.007km²

沖高甲　おきのたかこう

大分県、豊後水道、高甲岩の無人島。別名：沖高甲岩（おきのたかこういわ）。面積0.00002km²

沖釣礁　おきつりせ [11]

愛媛県、豊後水道の無人島。
面積0.00083km²

沖椎根島　おきしいねしま [12]

長崎県、対馬海峡の無人島。
面積0.001km²

沖続島　おきつずきしま [13]

宮城県、太平洋、松島諸島の無人島。

沖瀬　おきぜ，おきのせ [19]

おきぜ　静岡県、太平洋の無人島。
面積0.0008km²
おきのせ　長崎県、東シナ海、五島列島の無人島。面積0.0004km²

沖鷹島　おきのたかしま [24]

宮城県、太平洋、松島諸島の無人島。面積0.0007km²

〔179〕沙

沙弥島　さみじま [8]

沙弥島（しゃみじま）の別読み。香川県、瀬戸内海、備讃諸島、塩飽諸島、与島諸島の島。面積0.3km²

水部（沓, 沼, 波, 泊, 油, 海）

[180] 沓

沓島 くつじま [10]
京都府、日本海の無人島。別名：北島（きたじま）、小島（こしま）。別読み：くつしま。面積0.046km²

[181] 沼

沼島 ぬしま [10]
兵庫県、瀬戸内海の島。面積2.63km²

[182] 波

波太島 なぶとじま [4]
仁右衛門島（にえもんじま）の別名。千葉県、太平洋の島。別名：蓬島（よもぎじま）。別読み：はぶとじま。面積0.01827km²

波止離島 はとばなりじま
沖縄県、東シナ海、琉球列島、先島諸島、八重山群島の無人島。面積0.0006km²

波島 なみじま, はじま [10]
なみじま　愛媛県、瀬戸内海、芸予諸島の無人島。面積0.00078km²
はじま　宮城県、太平洋、松島諸島の無人島。面積0.026km²

波涛根 はっとね
千葉県、太平洋の無人島。面積0.00001km²

波照間島 はてるまじま [13]
沖縄県、東シナ海、琉球列島、先島諸島、八重山群島の島。別読み：はでるまじま。面積12.68km²

[183] 泊

泊島 とまりじま [10]
① 地ノ島（じのしま）の別名。福岡県、日本海の島。面積1.7km²
② 長崎県、対馬海峡の島。別読み：とまりしま。面積0.1km²

[184] 油

油井小島 ゆいこじま [4]
鹿児島県、太平洋、薩南諸島、奄美群島の無人島。面積0.022km²

[185] 海

海士島 あもうじま [3]
鳥取県、日本海の無人島。面積0.00385km²

海士鳥礁 あまどりべ
宮崎県、太平洋の無人島。面積0.0048km²

海栗島 うにじま [10]
長崎県、対馬海峡の島。面積0.089km²

海馬岩 とどいわ
北海道、太平洋の無人島。

難読/誤読 島嶼名漢字よみかた辞典　49

海馬島 かいばとう，とどしま，とどじま

かいばとう 海驢島（とどしま）の別名。北海道、日本海の無人島。別名：トド島（とどしま）。別読み：とどじま。面積0.21km²

とどしま
①（北方領土）北海道、オホーツク海、千島列島、南千島、歯舞諸島の島。
②北海道、オホーツク海の無人島。面積0.00008km²
③青森県、日本海の無人島。
とどじま 岩手県、太平洋の無人島。

［11］海豚瀬 いるかせ

新潟県、日本海の無人島。面積0.0044km²

海鹿島 あしかしま，あしかじま

あしかしま 和歌山県、紀伊水道の無人島。面積0.0012km²
あしかじま 千葉県、太平洋の無人島。別名：伊勢路ケ浦（いせじがうら）。面積0.0004km²

［19］海獺島 あしかじま

①千葉県、太平洋の無人島。面積0.00015km²
②神奈川県、東京湾の無人島。面積0.015km²

［26］海驢島 とどしま

北海道、日本海の無人島。別名：海馬島（かいばとう，とどしま），トド島（とどしま）。面積0.21km²

［27］海鱸島 とどじま

新潟県、日本海の無人島。別名：海鮠島（とどしま）。面積0.0014km²

［186］洲

［9］洲首島 すしゅうじま

愛媛県、瀬戸内海、芸予諸島の無人島。面積0.0064km²

［187］洗

［7］洗足岩 あらいあしいわ

新潟県、日本海の無人島。

［188］津

［5］津生島 つぶしま

鳥取県、湖山池の無人島。

［10］津倉瀬 つくらせ，つくらんせ

つくらせ 鹿児島県、東シナ海、甑島列島の無人島。
つくらんせ 鹿児島県、東シナ海、宇治群島の無人島。面積0.0001km²

［12］津堅島 つけんじま

沖縄県、太平洋、琉球列島、沖縄諸島、与勝諸島の島。面積1.573km²

［189］浮

［10］浮原島 うきばるじま

沖縄県、太平洋、琉球列島、沖縄諸島、与勝諸島の無人島。別読み：うきばるしま。面積0.2429km²

水部（流, 淤, 渡, 満, 滑, 漁, 漕, 潰, 濃）

浮島　うかしま，うきしま

うかしま　山口県、瀬戸内海、防予諸島、周防大島諸島の島。別名：宇賀島（うかしま）。面積2.31km²

うきしま
①千葉県、東京湾の無人島。
②三重県、太平洋の無人島。面積0.1279km²

〔190〕流

流碆　ながればえ

大分県、豊後水道の無人島。

⁷流児島　ながれこじま

愛媛県、瀬戸内海、防予諸島、忽那諸島の無人島。面積0.0424km²

〔191〕淤

⁷淤岐ノ島　おきのしま

鳥取県、日本海の無人島。別名：隠岐島、沖ノ島。面積0.002km²

〔192〕渡

³渡子島　とのこじま

倉橋島（くらはしじま）の別名。広島県、瀬戸内海の島。別名：音戸島（おんどじま）、瀬戸島（せとじま）。面積69.11km²

¹¹渡鹿野島　わたかのじま

三重県、太平洋の島。別読み：わだかのじま。面積0.69km²

〔193〕満

¹²満越　みつこし

和歌山県、紀伊水道の無人島。面積0.00008km²

〔194〕滑

¹⁰滑島　なめじま

三重県、太平洋の無人島。面積0.0247km²

〔195〕漁

⁵漁生浦島　りょうせうらじま

長崎県、東シナ海、五島列島の島。別読み：りょうせがうらしま、りょうぜうらがしま。面積0.65km²

〔196〕漕

¹⁰漕通　こぎどおり

和歌山県、太平洋の無人島。面積0.0006km²

〔197〕潰

¹⁰潰島　つぶりじま

岡山県、瀬戸内海、備讃諸島の無人島。面積0.0013km²

〔198〕濃

⁶濃地島　のうじしま，のうじとう

のうじしま　岡山県、瀬戸内海、備讃諸島、児島諸島の島群。

のうじとう　大分県、豊後水道の無人島。別名：納地島（のうじとう）。面積0.001km^2

〔199〕灘

灘礁　なだべ
宮崎県、太平洋の無人島。別名：難礁（なだべ）。面積0.0015km^2

部首4画《火部》

〔200〕烏

烏島　からしま，からすじま
からしま　愛媛県、豊後水道の無人島。
からすじま
①山形県、日本海の無人島。
②京都府、日本海の無人島。面積0.0023km^2
③山口県、瀬戸内海の無人島。面積0.05km^2

烏帽子岩　えぼうしいわ，えぼーしいわ，えぼしいわ
えぼうしいわ　石川県、日本海の無人島。
えぼーしいわ　東京都、太平洋、小笠原諸島、小笠原群島、父島列島の無人島。面積0.02km^2
えぼしいわ
①岩手県、太平洋の無人島。面積0.001km^2
②茨城県、太平洋の無人島。面積0.00279km^2
③姥島（うばじま）の別名。神奈川県、太平洋の無人島。面積0.03976km^2
④新潟県、日本海の無人島。面積0.0024km^2
⑤静岡県、太平洋の無人島。
⑥島根県、日本海の無人島。

烏帽子瀬　えぼうしせ，えぼしぜ，よぼぜ
えぼうしせ　長崎県、対馬海峡の無人島。面積0.0006km^2
えぼしぜ
①長崎県、対馬海峡、平戸諸島の無人島。面積0.0005km^2
②長崎県、玄界灘、平戸諸島の無人島。面積0.00033km^2
③長崎県、東シナ海、五島列島の無人島。
④熊本県、天草灘、天草諸島の無人島。面積0.001km^2
よぼぜ　鹿児島県、東シナ海の無人島。面積0.00022km^2

〔201〕烟

烟島　けむりしま
和歌山県、紀伊水道の無人島。面積0.007km^2

〔202〕焼

焼島　やきじま，やけしま，やけじま
やきじま　長崎県、五島灘、九十九島の無人島。面積0.1862km^2
やけしま
①長崎県、五島灘、九十九島の無人島。面積0.049km^2
②長崎県、大村湾の無人島。面積0.015km^2
やけじま

① 宮城県、太平洋、松島諸島の無人島。面積0.0021km²
② 宮城県、太平洋、松島諸島の無人島。別名：朝日島（あさひじま）。面積0.119km²
③ 長崎県、大村湾の無人島。面積0.005km²

〔203〕照

照島[10] てらしま，てるしま

てらしま　鹿児島県、東シナ海の無人島。面積0.025km²

てるしま　福島県、太平洋の無人島。面積0.002km²

〔204〕燕

燕礁[17] えんばえ

徳島県、紀伊水道の無人島。面積0.00059km²

〔205〕爛

爛場島[12] たてばじま

長崎県、島原湾、九十九島（つくもじま）の無人島。面積0.0328km²

部首4画《牛部》

〔206〕牛

牛城島[9] めきじま

牛島（うしじま，うししま，うしま，めじま）の別名。山口県、瀬戸内海、周南諸島の島。別名：鬼ケ島（おにがしま）。面積1.99km²

牛島[10] うしじま，めじま

うしじま
① 岩手県、太平洋の無人島。面積0.0156km²
② 三重県、太平洋の無人島。面積0.0471km²
③ 香川県、瀬戸内海、備讃諸島、塩飽諸島の島。別読み：うししま。面積0.81km²
④ 佐賀県、玄界灘の無人島。面積0.0095km²
⑤ 長崎県、対馬海峡の無人島。面積0.0264km²
⑥ 長崎県、対馬海峡の無人島。面積0.001km²
⑦ 熊本県、天草灘、天草諸島の無人島。面積0.14km²
⑧ 大分県、豊後水道の無人島。面積0.00738km²

めじま　牛島（うしじま，うししま，うしま）の別読み。山口県、瀬戸内海、周南諸島の島。別名：牛城島（めきじま），鬼ケ島（おにがしま）。面積1.99km²

〔207〕牡

牡丹幹島[4] ぼたんのきじま

宮城県、太平洋、松島諸島の無人島。面積0.0036km²

牡蠣瀬[20] かきぜ

長崎県、玄界灘、平戸諸島の無人島。面積0.0015km²

〔208〕牧

牧島[10] まきしま，まきのしま

まきしま

犬部（犬, 独, 猪）玉部（玉, 珊, 球）瓦部（甑）生部（生）

①馬島（うましま, うまじま）の別名。愛媛県、瀬戸内海、芸予諸島、来島諸島の島。面積0.42km^2
②長崎県、橘湾の島。面積1.28km^2
③熊本県、八代海、天草諸島の島。面積6.03km^2
まきのしま 長崎県、五島灘、九十九島の無人島。別名：牧の島（まきのしま）。面積0.23km^2

部首4画《犬部》

[209] 犬

犬ノ頭鼻島 いぬのかしらしま
愛媛県、瀬戸内海の無人島。面積0.0008km^2

[210] 独

^{10}独島 とくど
竹島（たけしま, たけじま）の別名。島根県、日本海の無人島。面積0.23km^2

[211] 猪

^{7}猪貝島 いがいじま
千葉県、太平洋の無人島。面積0.00013km^2

部首5画《玉部》

[212] 玉

^{11}玉理島 ぎょくりじま
愛媛県、瀬戸内海の無人島。面積0.00013km^2

[213] 珊

^{12}珊瑚島 さんごじま
岩手県、太平洋の無人島。面積0.0238km^2

[214] 球

^{10}球島岩 きゅうじまいわ
北海道、日本海の無人島。面積0.001km^2

部首5画《瓦部》

[215] 甑

^{10}甑島 こしきじま
愛媛県、瀬戸内海、芸予諸島、上島諸島の無人島。

部首5画《生部》

[216] 生

^{3}生口島 いのくちしま
生口島（いくちじま, いくちしま, いぐちじま）の別読み。広島県、瀬戸内海、芸予諸島の島。別名：瀬戸田島（せとだじま）。面積30.7km^2

^{4}生月島 いきずきじま
生月島（いきつきしま, いきつきじま）の別読み。長崎県、対馬海峡、平戸諸島の島。面積16.51km^2

[6]生名島　いきなしま
愛媛県、瀬戸内海、芸予諸島、上島諸島の島。別読み：いきなじま。面積3.13km²

[11]生野島　いくのしま
広島県、瀬戸内海、芸予諸島の島。別名：馬島（うましま）。別読み：いくのじま，いきのしま。面積2.27km²

〔217〕産

[10]産島　うぶしま
熊本県、八代海、天草諸島の無人島。別名：天草富士（あまくさふじ）。面積0.7482km²

部首5画《田部》

〔218〕甲

[3]甲小島　かぶとこじま
愛媛県、瀬戸内海、芸予諸島、上島諸島の無人島。

[8]甲岩　かぶといわ
青森県、津軽海峡の無人島。面積0.0051km²

[10]甲島　かぶとじま
①宮城県、太平洋の無人島。面積0.0016km²
②広島県、瀬戸内海の無人島。面積0.14km²
③長崎県、島原湾、九十九島（つくもじま）の無人島。面積0.0072km²

〔219〕田

[3]田子島　たごじま，たのこじま
たごじま　静岡県、太平洋の無人島。面積0.0081km²
たのこじま　長崎県、五島灘の無人島。面積0.001km²

〔220〕男

[3]男女群島　だんじょぐんとう
長崎県、東シナ海の島群。

[4]男木島　おぎじま
香川県、瀬戸内海、備讃諸島の島。面積1.34km²

[8]男岩　うがん，おいわ
うがん　沖縄県、東シナ海、琉球列島、沖縄諸島、慶良間諸島の無人島。
おいわ　富山県、日本海の無人島。面積0.00009km²

[10]男島　おしま，おじま，おとこじま，おのじま，おんじま
おしま　長崎県、東シナ海、男女群島の無人島。面積2.39km²
おじま
①島根県、日本海の無人島。面積0.0026km²
②福岡県、日本海の無人島。別読み：おしま。面積0.2939km²
おとこじま　島根県、日本海の無人島。
おのじま　青ケ島（あおがしま）の

別名。東京都、太平洋、伊豆諸島の島。別名：オフノ島（おふのじま），鬼ケ島（おにがしま），小鬼島（てがしま），葦島（あしじま）。面積5.61km²

おんじま　山口県、日本海の無人島。面積0.0032km²

男鹿島 [11] おしかじま，おとこかしま，たんがしま

おしかじま　長崎県、東シナ海、五島列島の無人島。面積0.003km²

おとこかしま　山口県、日本海の無人島。面積0.0076km²

たんがしま　兵庫県、瀬戸内海、家島諸島の島。別読み：だんかしま，たんがじま。面積4.37km²

〔221〕畑

畑地 [6] ぱたきじい

沖縄県、東シナ海、琉球列島、沖縄諸島の無人島。面積0.00251km²

〔222〕留

留棹庵島 [12] りゅうとうあんじま

山形県、日本海の無人島。別名：四島（よつしま）。別読み：りゅうとあんじま。面積0.0034km²

部首5画《白部》

〔223〕白

白山島 [3] おしま

山形県、日本海の無人島。面積0.0305km²

白石 [5] しらいし，しれいし，しろいし

しらいし
①広島県、瀬戸内海、芸予諸島の無人島。面積0.00001km²
②広島県、瀬戸内海の無人島。面積0.002km²
③香川県、瀬戸内海、備讃諸島、塩飽諸島の無人島。
④愛媛県、瀬戸内海、芸予諸島、来島諸島の無人島。面積0.0001km²
⑤愛媛県、瀬戸内海の無人島。面積0.00002km²

しれいし
①白島（しろじま）の別名。三重県、太平洋の無人島。
②愛媛県、太平洋の無人島。面積0.00003km²

しろいし
①岡山県、瀬戸内海、備讃諸島、犬島諸島の無人島。面積0.0013km²
②広島県、瀬戸内海、芸予諸島の無人島。
③広島県、瀬戸内海の無人島。面積0.0001km²
④大分県、豊後水道の無人島。面積0.0001km²

白石島 しらいししま，しらいしじま，しろいしじま

しらいししま　兵庫県、日本海の無人島。面積0.0345km²

しらいしじま　岡山県、瀬戸内海、備讃諸島、笠岡諸島の島。面積2.86km²

しろいしじま
①岩手県、太平洋の無人島。
②岩手県、太平洋の無人島。

白部(百,的)

白衣岩 すずめいわ
岩手県、太平洋の無人島。

白島 しらしま, しらじま, しろしま, しろじま
しらしま
①島根県、日本海、隠岐諸島の無人島。面積0.02975km^2
②福岡県、日本海の島群。
しらじま
①和歌山県、太平洋の無人島。面積0.003km^2
②島根県、日本海、隠岐諸島の無人島。面積0.0001km^2
しろしま
①岩手県、太平洋の無人島。面積0.0002km^2
②新潟県、日本海の無人島。面積0.01km^2
③静岡県、日本海の無人島。面積0.0006km^2
④兵庫県、日本海の無人島。面積0.025km^2
⑤島根県、日本海の無人島。面積0.001km^2
しろじま
①三重県、太平洋の無人島。別名：白石（しれいし）。
②島根県、日本海の無人島。面積0.0006km^2

白磋 しらはえ, しろばえ
しらはえ　高知県、太平洋の無人島。面積0.0005km^2
しろばえ　高知県、太平洋の無人島。面積0.0001km^2

白瀬 しらせ, しろせ, しろぜ
しらせ
①長崎県、五島灘、九十九島の無人島。面積0.002km^2
②長崎県、五島灘の無人島。面積0.005km^2
③長崎県、東シナ海、五島列島の無人島。面積0.0001km^2
しろせ
①福岡県、玄海灘の無人島。面積0.0006km^2
②鹿児島県、東シナ海の無人島。面積0.00003km^2
しろぜ　長崎県、対馬海峡、平戸諸島の無人島。面積0.0059km^2

〔224〕百

百島 ももしま
広島県、瀬戸内海、芸予諸島の島。別読み：ももじま。面積3.19km^2

百間瀬 ひゃっけんぜ
秋田県、日本海の無人島。

〔225〕的

的山大島 あずちおおしま
大島（おおしま）の別名。長崎県、対馬海峡、平戸諸島の島。別名：北松大島（ほくしょうおおしま），平戸大島（ひらどおおしま）。面積15.32km^2

[226] 皇

$\overset{6}{\text{皇后島}}$ こうごうしま，こうごじま

こうごうしま　広島県、瀬戸内海、芸予諸島の無人島。面積0.021km^2

こうごじま　長崎県、五島灘の島。別名：ねずみ島（ねずみじま）。面積0.018km^2

部首5画《皿部》

[227] 盗

$\overset{10}{\text{盗島}}$ ぬすとじま

長崎県、対馬海峡の無人島。面積0.003km^2

[228] 盤

$\overset{10}{\text{盤島}}$ たらいじま

岩手県、太平洋の無人島。

部首5画《目部》

[229] 相

$\overset{10}{\text{相島}}$ あいしま，おじま

あいしま　山口県、日本海、六島諸島の島。別名：愛島（あいしま）。別読み：あいのしま。面積1.7187km^2

おじま　真珠島（しんじゅじま）の別名。三重県、太平洋の無人島。別名：パールアイランド。別読み：おうじま。面積0.0216km^2

[230] 真

$\overset{5}{\text{真尼芝}}$ まにじ

沖縄県、東シナ海、琉球列島、沖縄諸島の無人島。面積0.00218km^2

部首5画《矢部》

[231] 矢

$\overset{14}{\text{矢筈島}}$ やなじま

島根県、日本海の無人島。面積0.0271km^2

[232] 知

$\overset{4}{\text{知夫里島}}$ ちぶりしま

島根県、日本海、隠岐諸島、島前の島。別名：千波島（ちぶりしま）。別読み：ちぶりじま。面積13.63km^2

部首5画《石部》

[233] 石

$\overset{10}{\text{石島}}$ いしじま，いしま

いしじま
①島根県、日本海、隠岐諸島、島前の無人島。面積0.0006km^2
②山口県、日本海の無人島。面積0.0001km^2
③山口県、日本海の無人島。面積0.0001km^2
④黒島（くろしま）の別名。長崎県、玄界灘、平戸諸島の島。面積0.875km^2

石部（砂, 砥, 破, 磯, 礫）示部（礼, 神）

いしま　岡山県、瀬戸内海、備讃諸島の島。別名：井島（いしま）。面積0.8174km^2

[234] 砂

^{10}砂島　さごじま
岩手県、太平洋の無人島。
面積0.0051km^2

[235] 砥

^{9}砥面島　とつらじま
宮城県、太平洋の無人島。
面積0.038km^2

[236] 破

^{10}破島　われじま
鹿児島県、太平洋、薩南諸島、奄美群島の無人島。別名：破瀬（われせ）。面積0.03km^2

[237] 磯

^{11}磯葛島　いそかずらじま
京都府、日本海の無人島。
面積0.134km^2

[238] 礫

^{10}礫島　つぶてじま，れきじま
つぶてじま　静岡県、浜名湖の無人島。
れきじま　島根県、日本海の無人島。面積0.00266km^2

部首5画《示部》

[239] 礼

^{4}礼文岩　れぶんいわ
（北方領土）北海道、オホーツク海、千島列島、南千島の島。

礼文島　れぶんとう
北海道、日本海の島。
面積81.97km^2

[240] 神

神ノ島　かみのしま，かんのしま
かみのしま
①三重県、太平洋の無人島。
②長崎県、対馬海峡の無人島。面積0.005km^2
かんのしま　鹿児島県、東シナ海の無人島。面積0.00465km^2

^{3}神子元島　みこもとじま
静岡県、太平洋の無人島。別名：御子本島（みこもとじま），御子元嶼（みこもとじま）。
面積0.137km^2

^{5}神石　こうのいし
岡山県、瀬戸内海、備讃諸島、笠岡諸島の無人島。面積0.00005km^2

^{6}神舟　かぶね
静岡県、太平洋の無人島。
面積0.0015km^2

[8]神居岩　かむいいわ
北海道、日本海の無人島。
面積0.0005km²

[9]神威岩　かむいいわ
①北海道、日本海の無人島。
面積0.008km²
②北海道、日本海の無人島。
面積0.006km²

神津島　こうずしま
東京都、太平洋、伊豆諸島、伊豆七島の島。別名：上津島（こうずしま）、神集島（かみつどいじま）。別読み：こうずじま。
面積18.47km²

[10]神島　かしま，かみしま，かみじま，かんじま，こうじま，こうのしま
かしま　和歌山県、太平洋の無人島。面積0.03577km²
かみしま
①島根県、日本海の無人島。
面積0.00544km²
②島根県、日本海、隠岐諸島の無人島。面積0.0037km²
③熊本県、天草灘、天草諸島の無人島。面積0.001km²
かみじま
①三重県、太平洋の島。別名：甕島（かめじま）、歌島（うたしま）。
面積0.361km²
②和歌山県、紀伊水道、友ケ島の無人島。面積0.015km²
かんじま　島根県、日本海、隠岐諸島、島前の無人島。
面積0.0059km²
こうじま　高知県、太平洋の無人島。面積0.0832km²
こうのしま
①岡山県、瀬戸内海の島。
②長崎県、対馬海峡の無人島。別名：神ノ島（こうのしま）。
面積0.001km²

[12]神集島　かしわじま，かみつどいじま
かしわじま　佐賀県、玄界灘の島。
別名：柏島（かしわじま）。
面積1.42km²
かみつどいじま　神津島（こうずしま，こうずじま）の別名。東京都、太平洋、伊豆諸島、伊豆七島の島。別名：上津島（こうずしま）。面積18.47km²

[13]神殿島　こうどのじま
愛媛県、瀬戸内海、芸予諸島の無人島。面積0.03km²

[19]神瀬　かんぜ
鹿児島県、鹿児島湾の無人島。

[241] 祖

[4]祖父祖母石　じいばあいし
山口県、瀬戸内海の無人島。別読み：じこばあいし。
面積0.00001km²

祖父祖母島　じんばじま
岡山県、瀬戸内海、備讃諸島、児島諸島の無人島。面積0.0024km²

[242] 祢

[8]祢宜島　ねぎじま
島根県、日本海、隠岐諸島の無人

示部（祇）禾部（秋,種,稗）穴部（穴）立部（立）

島。面積0.0004km^2

[243] 祇

祇苗島 [8] ただなえとう
東京都、太平洋、伊豆諸島の無人島。別名：唯苗島（ただなえじま），蛇島（へびしま）。面積0.15km^2

部首5画《禾部》

[244] 秋

秋勇留島 [9] あきゆりとう
（北方領土）北海道、オホーツク海、千島列島、南千島、歯舞諸島の島。別名：アキロロ島（あきろろとう）。別読み：あきゆりじま。面積5.0km^2

[245] 種

種子島 [3] たねがしま
①島根県、日本海の無人島。
②鹿児島県、太平洋、薩南諸島、大隅諸島の島。別名：多褹島（たねじま）。面積447.36km^2

[246] 稗

稗三升島 [3] ひえさんしょうじま
静岡県、太平洋の無人島。面積0.0042km^2

部首5画《穴部》

[247] 穴

穴空島 [8] あなあきじま
岩手県、太平洋の無人島。面積0.00006km^2

部首5画《立部》

[248] 立

立平瀬 [5] たてびらせ
鹿児島県、東シナ海、甑島列島の無人島。面積0.004km^2

立石 たちいし，たついし，たていし
たちいし　宮城県、太平洋の無人島。面積0.0004km^2
たついし　北海道、日本海の無人島。面積0.00005km^2
たていし
①青森県、津軽海峡の無人島。面積0.00001km^2
②青森県、津軽海峡の無人島。
③和歌山県、太平洋の無人島。面積0.0024km^2
④山口県、瀬戸内海の無人島。

立岩 [8] たちいわ，たちばい，たていわ
たちいわ
①（北方領土）北海道、オホーツク海、千島列島、南千島の島。
②北海道、日本海の無人島。面積0.0004km^2

③北海道、太平洋の無人島。
④北海道、根室海峡の無人島。
⑤青森県、陸奥湾の無人島。
　面積0.0028km^2
⑥山形県、日本海の無人島。
　面積0.0054km^2
⑦新潟県、日本海の無人島。
　面積0.001km^2
⑧長崎県、橘湾の無人島。
　面積0.00003km^2

たちばい　宮崎県、太平洋の無人島。面積0.00003km^2

たていわ
①（北方領土）北海道、オホーツク海、千島列島、南千島の島。
②北海道、日本海の無人島。
　面積0.0013km^2
③北海道、日本海の無人島。
　面積0.00003km^2
④北海道、日本海の無人島。
　面積0.00004km^2
⑤北海道、日本海の無人島。
　面積0.00001km^2
⑥北海道、日本海の無人島。
　面積0.0039km^2
⑦北海道、日本海の無人島。
　面積0.00051km^2
⑧北海道、太平洋の無人島。
⑨静岡県、太平洋の無人島。
⑩山口県、日本海の無人島。
　面積0.0002km^2
⑪長崎県、東シナ海、五島列島の無人島。面積0.0003km^2

立神　たちがみ，たてかみ，たてがみ

たちがみ
①愛媛県、豊後水道の無人島。
　面積0.001km^2
②鹿児島県、東シナ海、薩南諸島、奄美群島の無人島。面積0.003km^2
③鹿児島県、東シナ海、薩南諸島、上三島の無人島。
④鹿児島県、東シナ海、薩南諸島、奄美群島の無人島。面積0.0111km^2
⑤鹿児島県、太平洋、薩南諸島、奄美群島の無人島。面積0.008km^2
⑥鹿児島県、東シナ海、薩南諸島、奄美群島の無人島。面積0.314km^2
⑦鹿児島県、東シナ海、薩南諸島、奄美群島の無人島。面積0.02475km^2

たてかみ　鹿児島県、鹿児島湾の無人島。

たてがみ
①島根県、日本海の無人島。別名：立神島（たてがみじま）。
　面積0.0005km^2
②山口県、日本海の無人島。
　面積0.009km^2
③鹿児島県、東シナ海の無人島。
　面積0.0036km^2
④鹿児島県、東シナ海の無人島。
　面積0.00005km^2
⑤鹿児島県、東シナ海の無人島。
　面積0.025km^2

立神岩　たつがみいわ，たてがみいわ

たつがみいわ　岩手県、太平洋の無人島。

たてがみいわ　愛媛県、豊後水道の無人島。面積0.07km^2

立島　たちしま，たちじま，たつしま，たつじま，たてしま

たちしま　島根県、日本海、隠岐諸島の無人島。面積0.0036km^2

たちじま
①島根県、日本海、隠岐諸島の無人島。面積0.00028km^2
②長崎県、東シナ海、五島列島の無人島。面積0.001km^2

たつしま　徳島県、太平洋の無人島。面積0.0043km^2

立部（竜,端）竹部（竹,笄）

たつじま　山口県、瀬戸内海、防予諸島、周防大島諸島の無人島。別読み：たてしま、たつしま。
面積0.2km^2

たてしま
①秋田県、日本海の無人島。
②新潟県、日本海の無人島。

[14] 立髪　たてがみ
鹿児島県、東シナ海、甑島列島の無人島。

[17] 立礁　たてべ
宮崎県、太平洋の無人島。
面積0.002km^2

[19] 立瀬　たつせ，たつぜ，たてせ
たつせ　一ツ瀬（ひとつせ）の別名。鹿児島県、太平洋、薩南諸島、大隅諸島の無人島。面積0.0005km^2
たつぜ　長崎県、東シナ海、五島列島の無人島。面積0.0005km^2
たてせ　長崎県、五島灘の無人島。

[20] 立巖　たてご
和歌山県、紀伊水道の無人島。
面積0.0028km^2

〔249〕竜

[8] 竜金岩　りゅうきんいわ
新潟県、日本海の無人島。
面積0.0001km^2

[9] 竜神島　りゅうじんじま，りゅうじんとう
りゅうじんじま
①北海道、宗谷海峡の無人島。
面積0.0004km^2
②長崎県、大村湾の無人島。
面積0.02km^2
りゅうじんとう　愛媛県、瀬戸内海、芸予諸島の無人島。

[10] 竜島　たつじま，りゅうじま
たつじま　石川県、日本海、七ツ島の無人島。面積0.006km^2
りゅうじま　広島県、瀬戸内海、芸予諸島の無人島。面積0.0005km^2

〔250〕端

[10] 端島　はうわじま，はしま，はじま
はうわじま　端島（はしま）の別読み。山口県、瀬戸内海、柱島群島の島。面積0.68km^2
はしま　長崎県、五島灘の無人島。別名：軍艦島（ぐんかんじま）。
面積0.061km^2
はじま　福岡県、玄界灘の無人島。
面積0.0029km^2

部首6画《竹部》

〔251〕竹

[5] 竹生島　ちくぶしま
滋賀県、琵琶湖の無人島。
面積0.14km^2

〔252〕笄

[10] 笄島　かんざしじま
宮城県、太平洋の無人島。
面積0.0035km^2

[253] 笠

笠甫大島 かさごおおしま [7]
和歌山県、太平洋の無人島。
面積0.00975km^2

笠甫蟹島 かさぼかにじま
和歌山県、太平洋の無人島。
面積0.00225km^2

[254] 笹

笹魚島 ささごしま [11]
笹魚島（ささよしま）の別読み。東京都、太平洋、小笠原諸島、小笠原群島、聟島列島の無人島。
面積0.03km^2

笹魚根 ささごね
東京都、太平洋、小笠原諸島、小笠原群島、母島列島の無人島。

[255] 答

答志島 とうしじま [7]
三重県、太平洋の島。別読み：とせじま。面積5.7409km^2

[256] 筏

筏研 いかだはえ
大分県、太平洋の無人島。

[257] 箟

箟野島 ぬのしま [11]
徳島県、太平洋の無人島。
面積0.109km^2

[258] 箕

箕島 みしま，みのしま [10]
みしま　長崎県、大村湾の無人島。
別読み：みじま，みのしま。
面積2.34km^2
みのしま
①広島県、瀬戸内海、芸予諸島の無人島。面積0.0083km^2
②長崎県、対馬海峡の無人島。
面積0.03km^2

[259] 築

築島 つきしま，つくしま [10]
つきしま　宮崎県、太平洋の島。
面積0.24km^2
つくしま
①島根県、日本海の無人島。別読み：つきじま。面積0.5km^2
②大築島（おおつくしま）の別名。熊本県、八代海の無人島。別名：檳榔島（びろうじま，びんろうじま）。面積0.4099km^2

[260] 籠

籠島 かごしま [10]
兵庫県、日本海の無人島。
面積0.0024km^2

[261] 籬

籬島 まがきしま [10]
宮城県、太平洋の無人島。
面積0.001km^2

部首6画《米部》

[262] 粒

粒島 つぶじま，りうじま

つぶじま　大分県、太平洋の無人島。
りうじま　愛媛県、瀬戸内海、芸予諸島の無人島。面積0.001km²

[263] 粟

粟生島 あおしま

粟島（あわしま）の別名。新潟県、日本海の島。別名：櫛島（くしじま）。面積9.16km²

粟国島 あぐにじま

沖縄県、東シナ海、琉球列島、沖縄諸島の島。面積7.9km²

[264] 粭

粭島 すくもじま

山口県、瀬戸内海、周南諸島の島。面積3.333km²

部首6画《糸部》

[265] 納

納島 おさめじま

納島（のうしま、のうじま）の別読み。長崎県、対馬海峡、平戸諸島の島。面積0.665km²

[266] 経

経島 きょうじま，ふみしま

きょうじま
①島根県、日本海の無人島。
②島根県、中海の無人島。面積0.0008km²
③長崎県、対馬海峡の無人島。面積0.004km²
ふみしま　島根県、日本海の無人島。面積0.00098km²

[267] 綜

綜嶼 いとしま

八丈島（はちじょうじま）の別名。東京都、太平洋、伊豆諸島、伊豆七島の島。別名：八郎島（はっちょうじま）、女御之島（にょごのしま）、女護島（にょごしま）、女国（にょこく）、八嶽島（やたけじま）、沖ノ島（おきのしま）。面積69.5km²

[268] 網

網地島 あじしま

宮城県、太平洋の島。面積6.46km²

部首6画《羊部》

[269] 美

美漁島 びろうじま

長崎県、東シナ海、五島列島の無人島。面積0.02km²

[270] 群

群来岩　くきいわ
[7]
北海道、日本海の無人島。
面積0.0011km²

部首6画《羽部》

[271] 羽

羽千島　はぼしま
[3]
熊本県、島原湾、天草諸島の無人島。面積0.001km²

羽佐島　はさじま
[7]
羽佐島（わさしま）の別読み。香川県、瀬戸内海、備讃諸島、塩飽諸島、与島諸島の無人島。
面積0.0423km²

羽島　はしま，はじま，はねしま
[10]

はしま
①福岡県、玄界灘の無人島。
　面積0.0112km²
②長崎県、対馬海峡、平戸諸島の無人島。面積0.006km²

はじま
①山口県、日本海、六島諸島の無人島。別読み：はしま。
　面積0.2658km²
②長崎県、玄界灘、平戸諸島の無人島。面積0.0002km²

はねしま　福岡県、瀬戸内海の無人島。

部首6画《老部》

[272] 老

老磯島　おいそじま
[17]
宮城県、太平洋の無人島。
面積0.0006km²

部首6画《肉部》

[273] 能

能島　のしま
[10]
愛媛県、瀬戸内海、芸予諸島の無人島。面積0.015km²

[274] 臍

臍島　へそしま
[10]
愛媛県、瀬戸内海の無人島。
面積0.0018km²

部首6画《臣部》

[275] 臥

臥蛇島　がじゃじま
[11]
鹿児島県、東シナ海、薩南諸島、吐噶喇列島の無人島。面積4.5km²

臼部（臼, 興）舟部（舟, 船, 舳, 艫）

部首6画《臼部》

[276] 臼

臼島 うししま，うすしま，うすじま

うししま　佐賀県、玄界灘の無人島。面積0.002km^2

うすしま　長崎県、大村湾の無人島。面積0.063km^2

うすじま
①和歌山県、太平洋の無人島。面積0.005km^2
②広島県、瀬戸内海、芸予諸島の無人島。面積0.6km^2

[277] 興

興居島 ごごしま

愛媛県、瀬戸内海、防予諸島、忽那諸島の島。別名：母居島（もいしま）。面積8.91km^2

部首6画《舟部》

[278] 舟

舟流島 ふなながせじま

和歌山県、太平洋の無人島。面積0.00175km^2

[279] 船

船人島 ふなとじま

熊本県、八代海、天草諸島、天草松島の無人島。面積0.0035km^2

船島 ふなしま，ふなじま，ふねしま

ふなしま　島根県、日本海、隠岐諸島、島前の無人島。面積0.0013km^2

ふなじま　山口県、瀬戸内海の無人島。別名：巌流島（がんりゅうじま）、岩流島（がんりゅうじま）、岸柳島（がんりゅうじま）、岸流島（がんりゅうじま）。別読み：ふなしま。面積0.078km^2

ふねしま　広島県、瀬戸内海、芸予諸島の無人島。面積0.3km^2

船揚島 ひのがりじま

熊本県、八代海、天草諸島の無人島。面積0.00286km^2

船隠島 ふなかくしじま

北海道、津軽海峡の無人島。面積0.45km^2

[280] 舳

舳倉島 へぐらじま

石川県、日本海の島。別名：沖つ島（おきつしま）、日除け島（ひよけしま）、日暮らし島（ひぐらしじま）、重蔵島（へぐらじま）。別読み：へくらじま、へぐらしま。面積1.03km^2

[281] 艫

艫島 ともしま

島根県、日本海の無人島。面積0.00476km^2

部首6画《色部》

[282] 色

^{4}色丹島　しこたんとう
（北方領土）北海道、オホーツク海、千島列島、南千島の島。別読み：しゃこたんとう。
面積257.24km^2

部首6画《艸部》

[283] 花

^{7}花寿波島　はなすわじま
香川県、瀬戸内海、備讃諸島の無人島。面積0.0002km^2

^{14}花魁島　おいらんじま
宮城県、太平洋、松島諸島の無人島。面積0.006km^2

[284] 苅

^{19}苅藻島　かるもじま
①和歌山県、紀伊水道の島。面積0.033km^2
②和歌山県、紀伊水道の島群。面積0.0107km^2

[285] 芸

^{4}芸予諸島　げいよしょとう
広島県, 愛媛県、瀬戸内海の島群。別名：芸予叢島（げいよそうとう）。

[286] 苗

^{7}苗我島　なえがしま
苗我島（みょうがじま）の別読み。和歌山県、太平洋の無人島。面積0.15km^2

[287] 荒

^{9}荒神島　こうじんしま
香川県、瀬戸内海、備讃諸島、直島諸島の無人島。面積0.65km^2

^{10}荒島　あらしま，あらじま，あれしま，こうじま
あらしま
①（北方領土）北海道、オホーツク海、千島列島、南千島の島。
②長崎県、東シナ海、五島列島の無人島。面積0.15km^2
あらじま　山形県、日本海の無人島。
あれしま　宮城県、太平洋の無人島。面積0.02135km^2
こうじま　千葉県、太平洋の無人島。面積0.00079km^2

[288] 茱

^{11}茱黄島　ぐみじま
千葉県、太平洋の無人島。面積0.00998km^2

岬部（荷，葛，萌，葉，蓋，蒲，蒼，蒜，蓬）　　　　　　　　　　　　　　　　　　　　　　　　　　　　　　　　［297］

［289］荷

荷島 にないしま，になえじま
にないしま　熊本県、八代海の無人島。面積0.00048km^2
になえじま　広島県、瀬戸内海、芸予諸島の無人島。面積0.0005km^2

［290］葛

葛島 かずらしま，かずらじま，かつらじま，くずしま，つづらしま
かずらしま　香川県、瀬戸内海、備讃諸島の無人島。面積0.35km^2
かずらじま　長崎県、東シナ海、五島列島の無人島。別読み：かずらしま。面積0.445km^2
かつらじま
①三重県、太平洋の無人島。面積0.1296km^2
②岡山県、瀬戸内海、備讃諸島、児島諸島の無人島。面積0.0405km^2
③香川県、瀬戸内海、備讃諸島、直島諸島の無人島。別読み：かずらじま。面積0.46km^2
くずしま　高知県、太平洋の無人島。面積0.0399km^2
つづらしま　熊本県、八代海、天草諸島の無人島。面積0.015km^2

［291］萌

萌茂尻島 もしりとう
（北方領土）北海道、オホーツク海、千島列島、南千島、歯舞諸島の島。

萌消島 もっけしとう
（北方領土）北海道、オホーツク海、千島列島、南千島の島。

［292］葉

葉積島 はせきじま
福井県、日本海の無人島。面積0.004km^2

［293］蓋

蓋井島 ふたおいじま
山口県、日本海、響灘諸島の島。面積2.44km^2

［294］蒲

蒲葵島 びろうじま
高知県、太平洋の無人島。面積0.158km^2

［295］蒼

蒼島 あおしま
福井県、日本海の無人島。面積0.013km^2

［296］蒜

蒜島 ひるじま
岩手県、太平洋の無人島。面積0.014km^2

［297］蓬

蓬萊島 ほうらいじま
①秋田県、日本海の無人島。
②東京都、太平洋、小笠原諸島、小

難読/誤読 島嶼名漢字よみかた辞典　69

笠原群島、母島列島の無人島。

〔298〕蔦

蔦島[10] つたじま
①香川県、瀬戸内海の島群。
　面積0.39km^2
②大分県、豊後水道の無人島。
　面積0.0356km^2

〔299〕蔓

蔓島[10] かずらじま，かつらしま
かずらじま　長崎県、島原湾、九十九島（つくもじま）の無人島。面積0.0012km^2
かつらしま　兵庫県、瀬戸内海の無人島。面積0.001km^2

〔300〕蕪

蕪島[10] かぶしま
青森県、太平洋の島。

〔301〕藤

藤葛根島[11] とうかんねじま
長崎県、五島灘、九十九島の無人島。面積0.0259km^2

〔302〕藪

藪路木島[13] やぶろきしま
長崎県、対馬海峡、平戸諸島の無人島。別読み：やぶろぎじま。
面積0.467km^2

〔303〕蘭

蘭灘波島[21] いなんばじま
東京都、太平洋、伊豆諸島の無人島。面積0.01km^2

部首6画《虍部》

〔304〕虚

虚空蔵島[8] こくぞうじま
宮崎県、太平洋の島。別名：虚空蔵山（こくぞうやま）。

部首6画《虫部》

〔305〕蛇

蛇島[10] さしま，じゃしま，じゃじま，へびしま，へびじま
さしま　山口県、瀬戸内海、周南諸島の無人島。面積1.029km^2
じゃしま　静岡県、太平洋の無人島。面積0.0013km^2
じゃじま
①三重県、太平洋の無人島。
　面積0.002km^2
②京都府、日本海の無人島。
　面積0.0193km^2
③長崎県、五島灘、九十九島の無人島。面積0.025km^2
④長崎県、対馬海峡の無人島。
　面積0.0033km^2
へびしま

虫部（蛭，蝦，蝙，蟇，螺，蠣）行部（行）西部（西）

①祇苗島（ただなえとう）の別名。東京都、太平洋、伊豆諸島の無人島。別名：唯苗島（ただなえじま）。面積0.15km²
②島根県、日本海の無人島。面積0.007km²

へびじま　宮城県、太平洋の無人島。面積0.0035km²

[306] 蛭

³蛭子島　ひるこじま
岡山県、瀬戸内海、備讃諸島の無人島。面積0.0007km²

[307] 蝦

¹⁶蝦蟇瀬　わくどせ
佐賀県、玄界灘の無人島。面積0.0008km²

[308] 蝙

¹⁵蝙蝠岩　こうもりいわ
東京都、太平洋、小笠原諸島、小笠原群島、父島列島の無人島。

[309] 蟇

¹²蟇蛙島　じょうこじま
長崎県、五島灘、平戸諸島の無人島。面積0.00329km²

[310] 螺

¹⁰螺島　にしじま
山形県、日本海の無人島。

²⁰螺蠑島　さざえしま，さざえじま
さざえしま　石川県、日本海の無人島。面積0.0015km²
さざえじま　長崎県、東シナ海、五島列島の無人島。面積1.055km²

[311] 蠣

¹⁷蠣磯　かきそ
山口県、日本海、六島諸島の無人島。面積0.004km²

部首6画《行部》

[312] 行

¹¹行堂島　ぎょうどじま
山口県、日本海の無人島。

部首6画《西部》

[313] 西

⁸西表島　いりおもてじま
沖縄県、東シナ海、琉球列島、先島諸島、八重山群島の島。面積287.66km²

¹⁷西礁　にしべ
宮崎県、太平洋の無人島。面積0.0002km²

難読/誤読 島嶼名漢字よみかた辞典　71

部首7画《見部》

[314] 見

[6] 見当島 みあてじま
熊本県、八代海、天草諸島、天草松島の無人島。面積0.0005km^2

部首7画《角部》

[315] 角

[10] 角島 かくしま，つのしま
かくしま　愛媛県、豊後水道の無人島。
つのしま　山口県、日本海、響灘諸島の島。別名：都濃島（つのしま）。面積4.11km^2

部首7画《言部》

[316] 請

[10] 請島 うけしま
鹿児島県、太平洋、薩南諸島、奄美群島の島。別読み：うけじま。面積13.7km^2

部首7画《豆部》

[317] 豊

[10] 豊島 てしま，とよしま
てしま　香川県、瀬戸内海、備讃諸島の島。面積14.61km^2
とよしま
①猿島（さるしま）の別名。神奈川県、東京湾の無人島。
面積0.062km^2
②広島県、瀬戸内海、芸予諸島の島。面積5.45km^2
③愛媛県、瀬戸内海、芸予諸島、上島諸島の島。面積0.4km^2

部首7画《貝部》

[318] 貢

[5] 貢尻島 くしりじま
宮城県、太平洋の無人島。
面積0.0158km^2

[319] 貴

[11] 貴船島 きふねじま
大分県、豊後水道の無人島。
面積0.0002km^2

[320] 贄

[10] 贄島 にえじま
見江島（みえしま）の別名。三重県、太平洋の無人島。
面積0.0839km^2

赤部（赤）足部（跳，蹄）車部（轟）辵部（辺）

部首7画《赤部》

[321] 赤

赤尾島 あこうしま[7]
熊本県、八代海の無人島。
面積0.002km^2

赤尾嶼 せきびしょ
大正島（たいしょうじま）の別名。沖縄県、東シナ海、琉球列島、先島諸島、尖閣諸島の無人島。別名：久米赤島（くめあかしま），赤尾礁（せきびしょう）。面積0.05km^2

赤根 あかね，あぐね[10]
あかね
①宮城県、太平洋の無人島。
　面積0.0004km^2
②静岡県、太平洋の無人島。
　面積0.0013km^2
あぐね　宮城県、太平洋の無人島。

赤箸 あかばい，あかはえ，あかばえ，あかはや[13]
あかばい　和歌山県、紀伊水道の無人島。面積0.0006km^2
あかはえ
①徳島県、紀伊水道の無人島。
　面積0.00325km^2
②愛媛県、豊後水道の無人島。
あかばえ
①徳島県、紀伊水道の無人島。
　面積0.00055km^2
②徳島県、太平洋の無人島。
　面積0.003km^2
③高知県、太平洋の無人島。
　面積0.0005km^2
あかはや　愛媛県、豊後水道の無人島。

赤離島 あかばなりしま[19]
沖縄県、東シナ海、琉球列島、先島諸島、八重山群島の無人島。

部首7画《足部》

[322] 跳

跳渡島 はねわたりじま[12]
岩手県、太平洋の無人島。
面積0.00013km^2

[323] 蹄

蹄島 すずめじま[10]
宮城県、太平洋、かもめ島の無人島。面積0.00081km^2

部首7画《車部》

[324] 轟

轟島 ととろじま[10]
長崎県、対馬海峡の無人島。
面積0.001km^2

部首7画《辵部》

[325] 辺

辺ノ島 へたのしま
富山県、日本海の無人島。
面積0.00003km^2

難読/誤読 島嶼名漢字よみかた辞典

辺田島　へたじま
長崎県、対馬海峡の無人島。
面積0.02km^2

〔326〕逆

逆折礁　さかおりしょう
岩手県、太平洋の無人島。
面積0.00001km^2

〔327〕逢

逢原島　おばらじま
三重県、太平洋の無人島。
面積0.0055km^2

逢島　おうしま
千葉県、東京湾の無人島。

逢磯　おいそ
東京都、太平洋、伊豆諸島の無人島。

〔328〕通

通り迎　とおりげい
東京都、太平洋、伊豆諸島の無人島。面積0.00066km^2

通合島　とおりあいじま
宮城県、太平洋、松島諸島の無人島。面積0.0054km^2

通島　かよいじま
宮城県、太平洋の無人島。
面積0.00198km^2

〔329〕途

途中島　となかじま
和歌山県、太平洋の無人島。

〔330〕遠

遠国島　おくにじま
静岡県、太平洋の無人島。
面積0.0006km^2

遠島島　おんどうじま
嵯峨ノ島（さがのしま）の別名。長崎県、東シナ海、五島列島の島。
別名：嵯峨島（さがしま），遠島（えんとう）。面積2.82km^2

部首7画《里部》

〔331〕重

重子岩　かさねいわ
広島県、瀬戸内海、芸予諸島の無人島。面積0.00015km^2

〔332〕野

野牛島　やぎじま，やぎゅうじま
やぎじま　長崎県、五島灘の無人島。面積0.03km^2
やぎゅうじま　熊本県、八代海、天草諸島の無人島。面積0.116km^2

野忽那島　のぐつなじま
愛媛県、瀬戸内海、防予諸島、忽

金部（金, 釜, 銭, 鍬, 鎧）　　　　　　　　　　　　　〔337〕

那諸島の島。面積0.92km^2

[10]野案中島　のあんじゅしま
長崎県、東シナ海、五島列島の無人島。面積0.0119km^2

部首8画《金部》

〔333〕金

[3]金子島　かなこじま
①兵庫県、瀬戸内海、家島諸島の無人島。面積0.0003km^2
②山口県、日本海の無人島。面積0.0024km^2

[5]金白　かなしろ
長崎県、対馬海峡の無人島。面積0.0023km^2

[6]金光坊島　こんこぶじま
和歌山県、太平洋、紀ノ松島の無人島。面積0.00035km^2

[9]金城瀬　かなしろぜ
長崎県、対馬海峡の無人島。面積0.0012km^2

[10]金島　かねしま, かねじま
かねしま　山口県、日本海の無人島。面積0.0012km^2
かねじま
①岩手県、太平洋の無人島。面積0.01km^2
②大島（おおしま）の別名。愛媛県、瀬戸内海の島。別名：新居大島（にいおおしま）, 大黒島（おおくろしま）, 黄金の島（おうごんのしま）。面積2.24km^2

[15]金輪島　かなわじま
広島県、瀬戸内海の島。面積1.06km^2

[16]金頭瀬　かながしらせ
長崎県、五島灘の無人島。

〔334〕釜

[13]釜蓋瀬　かまふたせ, かまぶたせ, かまぶたぜ
かまふたせ　長崎県、東シナ海、五島列島の無人島。面積0.001km^2
かまぶたせ　長崎県、対馬海峡の無人島。面積0.0002km^2
かまぶたぜ　長崎県、対馬海峡の無人島。面積0.00001km^2

〔335〕銭

[9]銭洲　ぜにす
東京都、太平洋、伊豆諸島の無人島。

〔336〕鍬

鍬の柄　かのえ
鹿児島県、東シナ海、甑島列島の無人島。

〔337〕鎧

[10]鎧根　よろえね
宮城県、太平洋、松島諸島の無人島。面積0.005km^2

部首8画《長部》

[338] 長

⁹長南風島　ながはいじま
長崎県、五島灘、九十九島の無人島。面積0.031km²

¹²長森　ながむい
沖縄県、東シナ海、琉球列島、沖縄諸島の無人島。面積0.00088km²

¹⁹長瀬　おさんせ，ながせ
おさんせ　鹿児島県、東シナ海、甑島列島の無人島。
ながせ
①三重県、太平洋の無人島。
②長崎県、東シナ海、五島列島の無人島。面積0.0003km²
③長崎県、東シナ海、五島列島の無人島。
④長崎県、東シナ海、五島列島の無人島。面積0.0001km²
⑤熊本県、八代海、天草諸島の無人島。面積0.01km²
⑥鹿児島県、東シナ海、薩南諸島、上三島の無人島。
⑦鹿児島県、東シナ海の無人島。面積0.02km²

長離　ながばなり
沖縄県、東シナ海、琉球列島、沖縄諸島の無人島。面積0.0013km²

部首8画《門部》

[339] 門

¹⁰門島　かんぬきじま
東京都、太平洋、小笠原諸島、小笠原群島、父島列島の無人島。

[340] 間

¹⁰間島　あえじま，まじま
あえじま　長崎県、対馬海峡の無人島。面積0.001km²
まじま　福岡県、瀬戸内海の無人島。面積0.0304km²

[341] 関

¹¹関掛瀬　せっかけせ
長崎県、東シナ海、五島列島の無人島。

部首8画《阜部》

[342] 阿

⁸阿波島　あばしま
広島県、瀬戸内海、芸予諸島の無人島。面積0.4542km²

[343] 降

⁹降神島　うるがみじま
沖縄県、東シナ海、琉球列島、沖縄諸島の無人島。面積0.07km²

[344] 陸

陸ノ黒島　おかのくろしま
和歌山県、太平洋の無人島。面積0.00479km^2

[345] 隠

[7]**隠岐島　おきのしま**
隠岐諸島（おきしょとう）の別名。島根県、日本海の島群。

部首8画《隹部》

[346] 雄

[10]**雄島　おしま，おじま，ゆうじま**
おしま
①秋田県、日本海の無人島。面積0.005km^2
②福井県、日本海の無人島。面積0.102km^2
③冠島（かんむりじま）の別名。京都府、日本海の無人島。別名：大島（おしま，おおしま）。面積0.398km^2
④大島（おおしま）の別名。鹿児島県、東シナ海の無人島。別名：阿久根大島（あくねおおしま）。面積0.1004km^2
おじま
①宮城県、太平洋、松島諸島の無人島。面積0.02725km^2
②石川県、日本海の無人島。面積0.00023km^2
③片島（かたしま）の別名。京都府、日本海の無人島。別名：梶島（かじしま）。面積0.0005km^2
ゆうじま　山口県、日本海の無人島。別名：天神島（てんじんじま）。面積0.0214km^2

部首8画《雨部》

[347] 雲

[11]**雲雀小島　ひばりこじま**
高知県、太平洋の無人島。面積0.001km^2

[348] 雷

[19]**雷瀬　いかずち**
佐賀県、玄界灘の無人島。別読み：いかずき。

部首8画《青部》

[349] 青

[9]**青海島　おうみしま**
山口県、日本海の島。別読み：おうみじま。面積14.6km^2

[22]**青鰻島　あおなぎじま**
宮城県、太平洋、松島諸島の無人島。面積0.0511km^2

部首9画《韋部》

[350] 韓

韓崎[11] からさき
長崎県、対馬海峡の無人島。
面積0.001km²

部首9画《頁部》

[351] 頭

頭切島[4] つんぎりじま
長崎県、対馬海峡の無人島。
面積0.01km²

頭島[10] かしらしま，かしらじま
かしらしま　長崎県、五島灘の無人島。面積0.003km²
かしらじま
①岡山県、瀬戸内海、備讃諸島、日生諸島の島。面積0.55km²
②山口県、瀬戸内海、防予諸島、周防大島諸島の無人島。面積0.51km²

部首9画《風部》

[352] 風

風ノ子島 ふのこしま
香川県、瀬戸内海、備讃諸島の無人島。面積0.36km²

風倉島[10] かざくらじま
三重県、太平洋の無人島。

部首9画《飛部》

[353] 飛

飛島[10] としま，とびしま，ひしま
としま　福井県、日本海の無人島。面積0.0024km²
とびしま
①山形県、日本海の島。別名：トド島（とどしま）。面積2.45km²
②三重県、太平洋の島群。面積0.0409km²
③徳島県、瀬戸内海の無人島。面積0.0082km²
④徳島県、紀伊水道の無人島。面積0.0193km²
⑤徳島県、太平洋の無人島。面積0.0003km²
⑥長崎県、玄界灘、平戸諸島の島。面積0.5km²
⑦長崎県、五島灘の無人島。面積0.01km²
⑧宮崎県、太平洋の無人島。面積0.0275km²
ひしま　岡山県、瀬戸内海、備讃諸島、笠岡諸島の島群。

飛龍島[16] びろうじま
熊本県、島原湾、天草諸島の無人島。面積0.00398km²

飛瀬島[19] ひせじま
山口県、瀬戸内海、防予諸島、周防大島諸島の無人島。面積0.047km²

食部（饅） 首部（首） 馬部（馬） 高部（高）

部首9画《食部》

[354] 饅

[19] 饅瀬　まんじょう
島根県、日本海の無人島。
面積0.00145km^2

部首9画《首部》

[355] 首

[16] 首頭島　しゅずしま
愛媛県、瀬戸内海、芸予諸島の無人島。面積0.0002km^2

部首10画《馬部》

[356] 馬

馬の砦　うまのはえ，うまのはや
うまのはえ　徳島県、紀伊水道の無人島。面積0.00028km^2
うまのはや　愛媛県、豊後水道の無人島。

[8] 馬放島　まはなしじま
宮城県、太平洋、松島諸島の無人島。面積0.1538km^2

[10] 馬島　うましま，まじま
うましま
①島根県、日本海の無人島。
面積0.015km^2
②広島県、瀬戸内海、芸予諸島の無人島。面積0.25km^2
③生野島（いくのしま，いくのじま，いきのしま）の別名。広島県、瀬戸内海、芸予諸島の島。
面積2.27km^2
④山口県、瀬戸内海、周南諸島の島。
⑤山口県、瀬戸内海、熊毛群島の島。
面積0.7km^2
⑥愛媛県、瀬戸内海、芸予諸島、来島諸島の島。別名：牧島（まきしま）。別読み：うまじま。
面積0.42km^2
⑦青島（あおしま）の別名。愛媛県、瀬戸内海の島。別名：沖水無瀬島（おきのみなせじま）。
面積0.49km^2
⑧福岡県、日本海の島。別読み：うまのしま。面積0.26km^2
まじま
①島根県、日本海の無人島。
面積0.1km^2
②島根県、日本海の無人島。

馬耙島　まんがじま
長崎県、対馬海峡の無人島。
面積0.01km^2

[12] 馬渡島　まだらしま
佐賀県、玄界灘の島。別読み：まだらじま。面積4.13km^2

部首10画《高部》

[357] 高

[6] 高地砦　たかちばえ
高知県、太平洋の無人島。
面積0.0001km^2

髟部（髻，鬢）鬼部（鬼，魔）魚部（魚，魛，鮪）

高羽島　たかばじま
兵庫県、瀬戸内海、家島諸島の無人島。面積0.0013km^2

^{10}高根島　こうねじま
広島県、瀬戸内海、芸予諸島の島。別読み：こうねしま。
面積5.78km^2

^{14}高鉾島　たかぼこじま
長崎県、五島灘の無人島。
面積0.03443km^2

部首10画《髟部》

〔358〕髻

^{10}髻島　もとどりじま
福井県、日本海の無人島。

〔359〕鬢

^{8}鬢垂島　びんだれじま
宮崎県、太平洋の無人島。
面積0.036km^2

部首10画《鬼部》

〔360〕鬼

^{10}鬼島　おにじま，きじま
おにじま　島根県、日本海の無人島。面積0.00178km^2
きじま　熊本県、八代海、天草諸島の無人島。別読み：きしま。
面積0.09km^2

〔361〕魔

^{7}魔見ケ島　まみるがしま
三重県、太平洋の無人島。
面積0.0099km^2

部首11画《魚部》

〔362〕魚

^{7}魚見塙　うおみがはな
福井県、日本海の無人島。

^{8}魚固島　おごのしま
長崎県、玄界灘、平戸諸島の無人島。面積0.0997km^2

〔363〕魛

^{10}魛島　とどしま，とどじま
とどしま
①青森県、太平洋の無人島。
　面積0.00045km^2
②岩手県、太平洋の無人島。
とどじま　北海道、日本海の無人島。

^{12}魛登島　とどしま
岩手県、太平洋の無人島。
面積0.0066km^2

〔364〕鮪

^{5}鮪付島　いふじま
大分県、豊後水道の無人島。

魚部（鯨,鯱,鯉,鰯,鰹,鱈,鱸）鳥部（鳥）

面積0.0001km^2

〔365〕鯨

鯨石　くじらいわ
三重県、太平洋の無人島。
面積0.0004km^2

鯨島　くじらじま，けじま
くじらじま
①宮城県、太平洋の島群。
②新潟県、日本海の無人島。
　面積0.0009km^2
③島根県、境水道の無人島。
　面積0.00287km^2
④広島県、瀬戸内海、芸予諸島の島群。面積0.0038km^2
⑤長崎県、対馬海峡の無人島。
　面積0.0034km^2
⑥名島（なしま，なじま）の別名。長崎県、対馬海峡の島群。
　面積0.055km^2
けじま　長崎県、対馬海峡、平戸諸島の無人島。別読み：くじらじま。面積0.006km^2

〔366〕鯱

鯱岩　しゃちいわ
東京都、太平洋、伊豆諸島の無人島。

〔367〕鯉

鯉碆　むるばえ
高知県、太平洋の無人島。
面積0.0006km^2

〔368〕鰯

鰯礁　いわしべ
宮崎県、太平洋の無人島。
面積0.0002km^2

〔369〕鰹

鰹平瀬島　かつおべらせじま
三重県、太平洋の無人島。
面積0.0008km^2

〔370〕鱈

鱈島　たらじま
①岩手県、太平洋の無人島。
　面積0.002km^2
②石川県、日本海の無人島。

〔371〕鱸

鱸礁　すずきべ
宮崎県、太平洋の無人島。別読み：すずきばえ。面積0.0005km^2

部首11画《鳥部》

〔372〕鳥

鳥石　といいし
沖縄県、東シナ海、琉球列島、沖縄諸島の無人島。面積0.00053km^2

鳥海島　とのみじま
宮城県、太平洋の無人島。
面積0.001km^2

鳥部（鳩,鳶,鴻）

[10] 鳥島　とっちま，とりしま，とりじま

とっちま　宮城県、太平洋の無人島。

とりしま
①（北方領土）北海道、オホーツク海、千島列島、南千島の島。
②岩手県、太平洋の無人島。面積0.0003km^2
③東京都、太平洋、伊豆諸島の無人島。別名：八丈鳥島（はちじょうとりしま）。面積4.59km^2
④東京都、太平洋、小笠原諸島、小笠原群島、聟島列島の無人島。
⑤東京都、太平洋、小笠原諸島、小笠原群島、聟島列島の無人島。面積0.1km^2
⑥東京都、太平洋、小笠原諸島、小笠原群島、母島列島の無人島。
⑦佐賀県、玄界灘の無人島。面積0.028km^2
⑧横島（よこしま）の別名。長崎県、大村湾の無人島。面積0.011km^2
⑨北岩（きたいわ）の別名。長崎県、東シナ海、男女群島の無人島。別名：鳥ノ島（とりのしま）。面積0.0002km^2
⑩南岩（みなみいわ）の別名。長崎県、東シナ海、男女群島の無人島。面積0.0003km^2
⑪長崎県、対馬海峡の無人島。面積0.001km^2
⑫宮崎県、太平洋の無人島。面積0.004km^2
⑬鹿児島県、太平洋の無人島。面積0.0003km^2
⑭沖縄県、東シナ海、琉球列島、沖縄諸島の無人島。別名：久米鳥島（くめとりしま）。面積0.03906km^2
⑮硫黄鳥島（いおうとりしま）の別名。沖縄県、東シナ海、琉球列島、沖縄諸島の無人島。別名：琉球鳥島（りゅうきゅうとりしま）。面積2.12km^2

とりじま
①岩手県、太平洋の無人島。面積0.00001km^2
②茨城県、太平洋の無人島。
③島根県、日本海、隠岐諸島の無人島。面積0.0001km^2

[19] 鳥瀬　とりせ，とりのせ

とりせ　佐賀県、玄界灘の無人島。面積0.00001km^2

とりのせ　鹿児島県、太平洋、薩南諸島、奄美群島の無人島。面積0.005km^2

〔373〕鳩

[19] 鳩離島　はとばなりじま

沖縄県、東シナ海、琉球列島、先島諸島、八重山群島の無人島。面積0.0147km^2

〔374〕鳶

[8] 鳶岩　とびいわ，とんびいわ

とびいわ　山口県、瀬戸内海、防予諸島、周防大島諸島の無人島。

とんびいわ　新潟県、日本海の無人島。面積0.0005km^2

〔375〕鴻

鴻ケ島　こうがしま

宮城県、太平洋の無人島。面積0.0011km^2

[10] 鴻島　こうしま

岡山県、瀬戸内海、備讃諸島、日

鳥部（鵜, 鶏, 鶚, 鷗）

生諸島の島。別名：甲島（こうしま），香島（こうしま）。別読み：こうのしま，こうじま。面積2.03km^2

〔376〕鵜

鵜の糞島　うのふんしま

長崎県、対馬海峡の無人島。
面積0.0008km^2

鵜来島　うぐしま，うぐるしま

うぐしま　福岡県、玄界灘の無人島。別名：宇来島（うくしま）。
面積0.0018km^2

うぐるしま　高知県、太平洋の島。
面積1.32km^2

鵜島　うしま，うじま，うのしま

うしま
①宮城県、太平洋の無人島。
面積0.0005km^2
②愛媛県、瀬戸内海、芸予諸島の島。
面積0.76km^2
うじま
①山形県、日本海の無人島。
②千葉県、太平洋の無人島。
面積0.00049km^2
③島根県、日本海、隠岐諸島、島前の無人島。面積0.0001km^2
うのしま　山梨県、河口湖の無人島。

鵜渡島　うどじま

徳島県、紀伊水道の無人島。
面積0.022km^2

鵜糞島　うのくそしま

愛媛県、瀬戸内海、芸予諸島、上島諸島の無人島。面積0.00171km^2

鵜瀬島　うぜじま

①長崎県、大村湾の島。別読み：うのせじま，うぜじま。面積0.4km^2
②長崎県、玄界灘、平戸諸島の無人島。面積0.003km^2

〔377〕鶏

鶏小島　にわとりこじま

①愛媛県、豊後水道の無人島。
面積0.0008km^2
②愛媛県、瀬戸内海、芸予諸島の無人島。面積0.0007km^2

〔378〕鶚

鶚島　みさごしま

岩手県、太平洋の無人島。

〔379〕鷗

鷗島　かもめじま，ごめじま

かもめじま
①北海道、日本海の無人島。
面積0.3km^2
②岩手県、太平洋の無人島。
③岩手県、太平洋の無人島。
④秋田県、日本海の無人島。
面積0.00045km^2
⑤石川県、日本海の無人島。
面積0.0001km^2
⑥岡山県、瀬戸内海、備讃諸島、日生諸島の無人島。面積0.0121km^2
⑦愛媛県、豊後水道の無人島。
面積0.0002km^2

難読/誤読 島嶼名漢字よみかた辞典　83

ごめじま　青森県、陸奥湾の無人島。面積0.0173km^2

部首11画《鹿部》

[380] 鹿

鹿久居島　かくいしま[3]
岡山県、瀬戸内海、備讃諸島、日生諸島の島。別読み：かくいじま。面積10.3km^2

鹿尾菜島　ひじきしま[7]
和歌山県、紀伊水道の無人島。面積0.0097km^2

鹿島　かしま，しかじま，しかのしま[10]
かしま
①和歌山県、太平洋の無人島。面積0.0256km^2
②島根県、日本海の無人島。面積0.0165km^2
③広島県、瀬戸内海の島。面積2.99km^2
④愛媛県、瀬戸内海の無人島。別名：北条鹿島（ほうじょうかしま），伊予江ノ島（いよえのしま）。面積0.116km^2
⑤愛媛県、豊後水道の無人島。別名：伊予鹿島（いよかしま），西海鹿島（にしうみかしま）。面積0.451km^2
⑥高知県、太平洋の無人島。面積0.0092km^2
⑦長崎県、大村湾の島。面積0.0866km^2
しかじま　長崎県、対馬海峡の無人島。面積0.008km^2
しかのしま　長崎県、対馬海峡の無人島。別名：鹿ノ島（しかのしま）。面積0.003km^2

部首11画《麻部》

[381] 麻

麻倉島　あさくらじま[10]
三重県、太平洋の無人島。別読み：おぐらじま。面積0.0242km^2

麻腐島　おくされじま[14]
岩手県、太平洋の無人島。

部首12画《黄部》

[382] 黄

黄尾礁　おうびしょう[7]
久場島（くばじま）の別名。沖縄県、東シナ海、琉球列島、先島諸島、尖閣諸島の無人島。別名：黄尾嶼（こうびしょ），チャサ島（ちゃさじま）。面積0.87km^2

黄金碆　おうごんばや，こがねばえ[8]
おうごんばや　愛媛県、豊後水道の無人島。
こがねばえ　高知県、太平洋の無人島。

黄金瀬　おごんせ
宮崎県、太平洋の無人島。面積0.00002km^2

黄島 おうしま，きしま

おうしま　長崎県、東シナ海、五島列島の島。別読み：おうじま。面積1.47km^2

きしま　岡山県、瀬戸内海、備讃諸島の島。別名：木島（きしま）。別読み：きじま。面積0.4063km^2

部首12画 《黒部》

〔383〕黒

黒子島 くろこしま，ふこじま

くろこしま
① 長崎県、五島灘、九十九島の無人島。面積0.055km^2
② 長崎県、対馬海峡、平戸諸島の無人島。面積0.03km^2

ふこじま　鹿児島県、東シナ海の無人島。面積0.13km^2

黒小島 くろこじま

長崎県、東シナ海、五島列島の無人島。面積0.006km^2

黒母瀬 くろもせ

長崎県、対馬海峡、平戸諸島の無人島。

黒島 くるしま，くろしま，くろじま

くるしま　沖縄県、東シナ海、琉球列島、沖縄諸島、慶良間諸島の無人島。面積0.2379km^2

くろしま
① 青森県、日本海の無人島。
② 青森県、日本海の無人島。面積0.0004km^2
③ 宮城県、太平洋、松島諸島の無人島。
④ 宮城県、太平洋の無人島。
⑤ 宮城県、太平洋の無人島。面積0.00045km^2
⑥ 宮城県、太平洋の無人島。面積0.0295km^2
⑦ 新潟県、日本海の無人島。面積0.0012km^2
⑧ 新潟県、日本海の無人島。面積0.017km^2
⑨ 新潟県、日本海の無人島。面積0.0002km^2
⑩ 新潟県、日本海の無人島。面積0.0004km^2
⑪ 石川県、日本海の無人島。面積0.004km^2
⑫ 静岡県、太平洋の無人島。面積0.0008km^2
⑬ 木生島（きうじま）の別名。三重県、太平洋の無人島。面積0.0033km^2
⑭ 兵庫県、瀬戸内海、家島諸島の無人島。面積0.0939km^2
⑮ 兵庫県、日本海の無人島。面積0.0268km^2
⑯ 和歌山県、紀伊水道の無人島。面積0.3099km^2
⑰ 和歌山県、太平洋の無人島。面積0.002km^2
⑱ 島根県、日本海の無人島。面積0.0017km^2
⑲ 島根県、日本海の無人島。
⑳ 島根県、日本海の無人島。
㉑ 島根県、日本海の無人島。面積0.00174km^2
㉒ 島根県、日本海の無人島。面積0.00248km^2
㉓ 島根県、日本海の無人島。面積0.0003km^2
㉔ 島根県、日本海の無人島。面積0.00065km^2
㉕ 島根県、日本海、隠岐諸島の無人島。面積0.0006km^2

㉖島根県、日本海、隠岐諸島の無人島。面積0.00168km^2

㉗島根県、日本海、隠岐諸島の無人島。面積0.001km^2

㉘島根県、日本海、隠岐諸島の無人島。面積0.0025km^2

㉙島根県、日本海、隠岐諸島の無人島。面積0.0012km^2

㉚島根県、日本海、隠岐諸島の無人島。面積0.0112km^2

㉛島根県、日本海、隠岐諸島、島前の無人島。面積0.0009km^2

㉜岡山県、瀬戸内海、備讃諸島の島。別名：ムクロ島（むくろじま）。面積0.0963km^2

㉝広島県、瀬戸内海の無人島。面積0.17km^2

㉞広島県、瀬戸内海、芸予諸島の無人島。別名：瓢箪島（ひょうたんじま），瓢箪小島（ひょうたんこじま）。面積0.0886km^2

㉟山口県、瀬戸内海の島。面積0.54km^2

㊱山口県、日本海の無人島。面積0.0025km^2

㊲愛媛県、豊後水道の無人島。面積0.194km^2

㊳愛媛県、豊後水道の無人島。

㊴長崎県、五島灘、九十九島の無人島。面積0.036km^2

㊵長崎県、五島灘、平戸諸島の島。別名：肥前黒島（ひぜんくろしま），南黒島（みなみくろしま），水島（みずしま）。面積4.89km^2

㊶長崎県、五島灘、平戸諸島の無人島。面積0.137km^2

㊷長崎県、五島灘の無人島。面積0.02km^2

㊸長崎県、大村湾の無人島。面積0.0406km^2

㊹長崎県、五島灘の無人島。面積0.001km^2

㊺長崎県、対馬海峡、平戸諸島の島。面積0.2km^2

㊻長崎県、玄界灘、平戸諸島の島。別名：石島（いしじま）。面積0.875km^2

㊼長崎県、東シナ海、五島列島の島。面積1.32km^2

㊽長崎県、対馬海峡の無人島。面積1.02km^2

㊾長崎県、対馬海峡の無人島。面積0.002km^2

㊿熊本県、八代海の無人島。面積0.0207km^2

㉛熊本県、天草灘、天草諸島の無人島。面積0.1km^2

㉜熊本県、島原湾、天草諸島の無人島。面積0.011km^2

㉝熊本県、島原湾、天草諸島の無人島。面積0.0198km^2

㉞熊本県、八代海、天草諸島の無人島。面積0.0034km^2

㉟熊本県、八代海、天草諸島の無人島。面積0.04km^2

㊱大分県、豊後水道の島。面積0.79km^2

㊲大分県、豊後水道の無人島。面積0.105km^2

㊳宮崎県、太平洋の無人島。面積0.024km^2

㊴鹿児島県、東シナ海、薩南諸島、上三島の島。面積15.65km^2

㊵鹿児島県、八代海の無人島。面積0.0044km^2

㊶鹿児島県、太平洋の無人島。面積0.00015km^2

㊷沖縄県、太平洋、琉球列島、先島諸島、八重山群島の島。面積10.04km^2

くろじま

①岩手県、太平洋の無人島。

②岩手県、太平洋の無人島。

③鳥取県、日本海の無人島。

④島根県、日本海、隠岐諸島の無人島。面積0.0003km^2

⑤山口県、日本海の無人島。面積0.0004km^2

鼓部（鼕）　　　　　　　　　　　　　　　　　　　　　　　　　〔384〕

[13]黒磌　くろはえ，くろばえ，くろはや

くろはえ　愛媛県、豊後水道の無人島。

くろばえ
① 愛媛県、豊後水道の無人島。
　面積0.0003km^2
② 愛媛県、太平洋の無人島。
　面積0.00089km^2
③ 高知県、太平洋の無人島。
　面積0.00075km^2
④ 高知県、太平洋の無人島。
　面積0.005km^2
⑤ 高知県、太平洋の無人島。
　面積0.0001km^2
⑥ 高知県、太平洋の無人島。
　面積0.0031km^2

くろはや　愛媛県、豊後水道の無人島。

[17]黒礁　くろべ

宮崎県、太平洋の無人島。
面積0.0015km^2

部首13画《鼓部》

〔384〕鼕

[8]鼕泊島　とうどまりじま

長崎県、五島灘、九十九島の島。
面積0.0975km^2

五十音順索引

本文に収録した島嶼名のよみを五十音順に収録し、掲載ページを示した。

【あ】

あいしま	58
あいじま	25
あえじま	76
あおしま	65, 69
あおなぎじま	77
あかね	73
あかばい	73
あかはえ	73
あかばえ	73
あかばなりしま	73
あかはや	73
あがりいちゅんじゃ	44
あきゆりとう	61
あぐにじま	65
あぐね	73
あげなしくじま	25
あこうしま	73
あさくらじま	84
あしかしま	50
あしかじま	50
あじしま	65
あしたかいわ	39
あずきじま	28
あずちおおしま	57
あだかじま	25
あたふじ	37
あなあきじま	61
あばしま	76
あぶおーるぐわ	25
あまどりべ	49
あむるうしじ	25
あむるじま	25
あもうじま	49
あらいあしいわ	50
あらぐすくじま	41
あらしま	68
あらじま	68
ありふくじま	42
あれしま	68
あんどじま	25
いえしま	26
いえじま	26
いえしましょとう	26
いがいじま	54
いかずち	77
いかだいそ	45
いかだはえ	64
いからじま	8
いきずきじま	54
いきなしま	55
いくのしま	55
いくろじま	32
いけいじま	8
いけしま	47
いけじま	47
いけのしま	47
いけばなれ	8
いし	3
いしじま	58
いしま	59
いじゃかじゃじま	8
いずしま	10
いそかずらじま	59
いちきしま	33
いつきじま	41
いつくしま	13
いっしばえ	3
いとこいし	37
いとしま	65
いなんばじま	70
いぬしま	40
いぬのかしらしま	54
いのくちしま	54
いふじま	80
いへやいぜなしょとう	8
いもうとじま	24
いもがしま	24
いりおもてじま	71
いるかせ	50

いわぎしま	32	うふゆに	17
いわしじま	32	うましま	79
いわしべ	81	うまのはえ	79
いんのしま	15	うまのはや	79
いんのせ	13	うまやじま	38
ううぜ	22	うりゅうじま	42
うおみがはな	80	うるがみじま	76
うかしま	51	えだてくじま	43
うがん	55	えとろふとう	40
うがんざち	40	えにやばなれじま	47
うきしま	51	えびすじま	23, 39
うきばるじま	50	えびすばい	40
うぐしま	83	えぼうしいわ	52
うぐるしま	83	えぼうしせ	52
うぐろせ	21	えぼーしいわ	52
うけしま	72	えぼしいわ	52
うししま	67	えぼしぜ	52
うしじま	53	えーめたつがん	3
うじしま	26	えんばえ	53
うじなじま	26	おいそ	74
うしま	83	おいそじま	66
うじま	83	おいつかみじま	38
うじむかえじま	26	おいらんじま	68
うしろじま	37	おいわ	55
うしろひらじま	37	おうごんばや	84
うすしま	67	おうしま	23, 74, 85
うすじま	67	おうじま	23
うせ	22	おうはじま	23
うぜ	22	おうびしょう	84
うぜじま	83	おうみしま	77
うちばなれじま	9	おおあいがしま	18
うちまちばなり	9	おおあがり	18
うつじばなりじま	17	おおうまめじま	22
うっちま	26	おおうるしじま	22
うどじま	83	おおえびすじま	21
うなかぜ	17	おおかつらしま	20
うにじま	49	おおかつらじま	20
うのくそしま	83	おおがまじま	21
うのしま	83	おおぐりじま	22
うのふんしま	83	おおくろしま	21
うばなりじま	3	おおぐろしま	21
うぶしま	55	おおぐろじま	21

おおげじま	17	おきじま	48
おおこじま	45	おぎじま	55
おおざくろう	18	おきぜ	48
おおじかじま	18	おきつずきしま	48
おおしま	18, 19, 20	おきつりせ	48
おおしこ	20	おきのおおあがりじま	47
おおずくましま	18	おきのかんだいしま	47
おおずもう	17	おきのしま	48, 51, 77
おおせ	22	おきのせ	48
おおぜ	22	おきのそ	47
おおぞのじま	21	おきのだいとうじま	47
おおたちがみ	17	おきのたかこう	48
おおたちばじま	21	おきのたかしま	48
おおたてがみいわ	17	おきのつじいし	48
おおたてしま	17	おくされじま	84
おおつたじま	21	おくにじま	74
おおとうじま	22	おぐまじま	31
おおとりいじま	38	おぐろしま	30
おおとんがり	17	おこがじま	48
おおなばかりね	17	おこしま	17
おおねじま	20	おこじま	38
おおばえ	21	おごのしま	80
おおはかしま	18	おごんせ	84
おおはだかじま	21	おさめじま	65
おおはや	21	おさんせ	76
おおばや	21	おしかじま	56
おおびしま	18	おじかじま	28
おおひしゃくじま	17	おじしま	27
おおべ	22	おしま	20, 28, 55, 56, 77
おおみこ	18	おじま	20, 55, 58, 77
おおもじ	22	おしゃくじま	38
おおよじま	21	おずくみじま	21
おかのかぶしま	32	おつこじま	6
おかのくろしま	77	おつるぎじま	28
おかのはっぴ	15	おてしま	27
おがみじま	38	おでしま	30
おがみねじま	38	おとぐり	6
おきあんぽじま	48	おとこかしま	56
おきえらぶじま	48	おとこじま	55
おきこじま	47	おとごしま	6
おきしいねしま	48	おとふりいわ	23
おきしま	48	おなりばえ	38

五十音順索引　　　　　　かんさ

おにじま	80
おねしま	30
おのじま	55
おばしま	30
おばらじま	74
おべらし	22
およしま	27
おれしま	40
おんじま	56
おんどうじま	74
おんなかしま	24
おんなしま	24
おんばせじま	39

【か】

かいなげじま	46
かいばとう	50
かからしま	11
かきぜ	53
かきそ	71
かくいしま	84
かくしま	72
かくらじま	13
かごしま	64
かざくらじま	78
かさごおおしま	64
かさねいわ	74
かさぼかにじま	64
かしま	60, 84
がじゃじま	66
かしらしま	78
かしらじま	78
かしわじま	60
かずらしま	69
かずらじま	69, 70
かたびらいそ	34
かつおべらせじま	81
かつらしま	70
かつらじま	69
かながしらせ	75

かなこじま	75
かなしろ	75
かなしろぜ	75
かなわじま	75
かねしま	75
かねじま	75
かのえ	75
かばしま	45
がひじま	15
かぶしま	70
かぶといわ	55
かぶとこじま	55
かぶとじま	55
かぶね	59
かまぎのせ	13
かまふたせ	75
かまぶたせ	75
かまぶたぜ	75
かみあじかしま	4
かみかいじま	5
かみかたきじま	5
かみこしきじま	5
かみじしま	4
かみしま	60
かみじま	60
かみつどいじま	60
かみのしま	59
かみまてしま	4
かむいいわ	60
かめぎしょう	7
かめとど	6
かもめじま	83
かよいじま	74
からこしま	14
からさき	78
からしま	52
からすじま	52
からとじま	14
かるもじま	68
かわなべしちとう	33
かわなべじゅっとう	33
かんざしじま	63

難読/誤読 島嶼名漢字よみかた辞典　93

かんじま	60	くそじま	6
かんじゃじま	9	くたしま	5
かんぜ	60	くちかたじま	13
かんどぎょくりじま	26	くちなしじま	45
かんぬきじま	76	くちのえらぶじま	13
かんのしま	59	くつじま	49
かんむりしま	10	くつなじま	39
かんむりじま	10	くつなしょとう	39
かんようとう	14	くなしりとう	15
きうじま	42	くばしま	6
きかいしま	15	くばじま	6
きがさじま	7	ぐみじま	68
ぎしっぷじま	9	くりまじま	43
きしま	85	くるしま	43, 85
きじま	80	くろこしま	85
きたかるもじま	12	くろこじま	85
きたぎしま	12	くろしま	6, 85, 86
きたよとめいわ	12	くろじま	86
きふねじま	72	くろはえ	87
きゅうじまいわ	54	くろばえ	87
きょう	33	くろはや	87
きょうじま	65	くろべ	87
ぎょうどじま	71	くろもせ	85
ぎょくりじま	54	げいよしょとう	68
ぎらましょとう	39	けしま	39
きんちゃくいわ	33	けじま	81
きんちゃくじま	33	げずしま	3
くいなじま	47	けないし	46
くきいわ	66	けねぼくしま	32
くぐしま	45	けむりしま	52
くしあだんじ	37	げるまじま	39
くじきもい	6	こいからじま	27
ぐしくじま	16	こいけじま	28
くしけらま	37	こうがしま	82
くしち	37	こうごうしま	58
くしま	25	こうごじま	58
くじゅうくしま	6	こうしま	82
くじらいわ	81	こうじま	60, 68
くじらじま	81	こうじんしま	68
くしりじま	72	こうずしま	60
くずしま	6, 69	こうどのじま	60
くずれいそ	32	こうねじま	80

こうのいし	59
こうのしま	60
こうまめじま	31
こうもりいわ	71
こえのしま	27
こえびすじま	30
こがじゃじま	28
こがねばえ	84
こがまじま	31
こぎどおり	51
こくぞうじま	70
こぐろしま	30
ここじま	27
こごじま	28
ごごしま	67
こしきじま	54
ごしねじま	38
こしま	28
こじま	28, 29, 30
こずくみじま	31
こずたじま	31
こずもう	28
こせんぎりじま	27
こたちがみ	27
こたちばじま	31
こたてがみいわ	27
こちぼうじま	44
ことびしま	28
こどんす	30
こなさけじま	30
こなばかりね	27
こね	30
こねじま	30
こばたちがみ	42
こびしま	28
こびろう	28
こぶしま	41
こへいちじま	27
こみとこしょう	27
ごめじま	84
こやけいじま	27
こんこぶじま	75

【さ】

さかいぐり	16
さかえじま	16
さかおりしょう	74
さごじま	59
さざえしま	71
さざえじま	71
さざえばえ	45
さざえばや	41
ささげしま	17
ささごしま	64
ささごね	64
さしま	70
さすでしま	33
さどがしま	8
さどしま	8
さなぎしま	8
さぶさわじま	26
さぶじま	4
さみじま	48
さんかくじま	4
さんごじま	54
さんとうざん	4
しあくしょとう	16
じいばあいし	60
しかじま	84
しかのしま	39, 84
しこたんとう	68
しじゅうししま	15
じたかこう	16
しでのしま	34
じのおおしま	16
じのしま	15
じのむくしま	16
しほつとう	38
しまうらとう	32
しまじま	41
しまのうらじま	32

しもあじかしま	3
しもうばえ	3
しもえびすじま	3
しもおさ	3
しもかいじま	3
しもまてしま	3
じゃしま	70
じゃじま	70
しゃちいわ	81
しゅうでいそ	47
しゅずしま	79
じょうがじま	25
じょうこじま	71
しょうどしま	28
しょうね	30
じょろうこいわ	24
じょろうじま	24
じょろじま	24
しらいし	56
しらいしま	56
しらいしじま	56
しらしま	57
しらじま	57
しらせ	57
しらはえ	57
しれいし	56
しろいし	56
しろいしじま	56
しろしま	16, 57
しろじま	57
しろせ	57
しろぜ	57
しろばえ	57
しんじじま	26
しんじま	41
じんばじま	60
すおぜ	14
すくねしま	26
すくもじま	65
すくもばえ	26
すしゅうじま	50
すずきべ	81

すずめいわ	57
すずめじま	73
せきびしょ	73
せっかけせ	76
ぜにす	75
せんしま	12
そうふがん	25

【た】

だいこくじま	21
だいこんじま	20
たいらしま	34
たいらじま	34
だいりじま	9
たかちばえ	79
たかばじま	80
たかほこじま	80
たくしま	36
たけしま	17
たごじま	55
ただなえとう	61
たちいし	61
たちいわ	61, 62
たちおとしじま	22
たちがねじま	17
たちがみ	62
たちしま	62
たちじま	62
たちばい	62
たついし	61
たつがみいわ	62
たつしま	62
たつじま	38, 63
たつせ	63
たつぜ	63
たつみじま	33
たていし	61
たていわ	62
たてかみ	62
たてがみ	62, 63

たてがみいわ	62	てうりとう	23
たてご	63	てしま	72
たてしま	63	でじま	10
たてせ	63	てながじま	40
たてばじま	53	てばじま	10
たてびらせ	61	てらしま	53
たてべ	63	てるしま	53
たながしま	40	といいし	32, 81
たねがしま	61	とうかんねじま	70
たのこじま	55	どうご	32
たらいじま	58	とうしじま	64
たらじま	81	どうぜん	32
たるばしじま	45	とうせんいわ	14
たんがしま	56	とうせんじま	44
だんじょぐんとう	55	とうどまりじま	87
ちぎりいわ	12	とおりあいじま	74
ちぎりじま	23	とおりげい	74
ちくぶしま	63	とがしま	45
ちじつるじま	16	とかられっとう	14
ちしま	12	とがりいわ	31
ちしまれっとう	12	とくど	54
ちのしま	15	としま	10, 40, 78
ちぶりしま	12, 58	とじま	40
ちゅうちこじま	8	とせんべ	14
つきしま	64	とい	32
つくしま	64	とっちま	82
つくもしま	6	とつらじま	59
つくもじま	6	とどいわ	49
つくらせ	50	とどしま	50, 80
つくらんせ	50	とどじま	50, 80
つけんじま	50	ととろじま	73
つしま	27	となかじま	74
つしまじま	27	とのこじま	51
つずらしま	69	とのみじま	81
つたじま	70	とびいわ	82
つのしま	72	とびしま	78
つぶしま	50	とまりじま	49
つぶじま	65	ともしま	67
つぶてじま	59	とよしま	72
つぶりじま	51	とりしま	82
つるしま	12	とりじま	82
つんぎりじま	78	とりせ	82

とりの　　　　　　　　五十音順索引

とりのせ ･････････････････････ 82
とんびいわ ･･････････････････ 82

【 な 】

ないんじま ･･･････････････････ 9
なえがしま ･･････････････････ 68
なかうるしじま ･･･････････････ 5
ながせ ･････････････････････ 76
なかとしま ･･･････････････････ 5
なかね ･･････････････････････ 5
なかのおがんじま ････････････ 5
ながはいじま ････････････････ 76
ながばなり ･･････････････････ 76
ながむい ････････････････････ 76
ながれこじま ････････････････ 51
ながればえ ･･････････････････ 51
なかんね ････････････････････ 5
なぐしじま ･･････････････････ 12
なげしべ ････････････････････ 40
なこうどじま ････････････････ 25
なさけじま ･･････････････････ 39
なじ ･･････････････････････ 14
なだべ ･････････････････････ 52
ななつしま ･･･････････････････ 3
なぶとじま ･･････････････････ 49
なみじま ････････････････････ 49
なむろじま ･･････････････････ 12
なめじま ････････････････････ 51
にいじま ････････････････････ 41
にえじま ････････････････････ 72
にしじま ････････････････････ 71
にしべ ･････････････････････ 71
にしょのしま ････････････････ 41
にずらじま ･･･････････････････ 7
にないしま ･･････････････････ 69
になえじま ･･････････････････ 69
にわとりこじま ･･････････････ 83
ぬしま ･････････････････････ 49
ぬすとじま ･･････････････････ 58
ぬのしま ････････････････････ 64

ぬわじま ････････････････････ 39
ねぎじま ･････････････････ 45, 60
のあんじゅしま ･･････････････ 75
のうじしま ･･････････････････ 51
のうじとう ･･････････････････ 52
のぐつなじま ････････････････ 74
のしま ･････････････････････ 66

【 は 】

はいふくぜ ･･････････････････ 41
はうわじま ･･････････････････ 63
はえのはせ ･･････････････････ 12
ばくちせ ････････････････････ 13
ばくちべ ････････････････････ 13
はさじま ････････････････････ 66
はしま ･･････････････････ 10, 63, 66
はじま ･･････････････････ 49, 63, 66
はせきじま ･･････････････････ 69
ぱたきじい ･･････････････････ 56
はたぐいわ ･･････････････････ 46
はちしま ････････････････････ 43
はつしま ････････････････････ 10
はっとね ････････････････････ 49
はてるまじま ････････････････ 49
はとばなりじま ･･････････ 49, 82
はなすわじま ････････････････ 68
はねしま ･･･････････････････ 10, 66
はねわたりじま ･･････････････ 73
はぶじま ････････････････････ 15
はほしま ････････････････････ 66
はぽまいしょとう ････････････ 46
はるしま ････････････････････ 13
ばんだいせ ･･･････････････････ 8
ひあいじま ･･････････････････ 46
ひえさんしょうじま ･･････････ 61
ひきどおしじま ･･････････････ 37
ひさかじま ･･･････････････････ 6
びさんしょとう ･･･････････････ 8
ひじきしま ･･････････････････ 84

98　難読/誤読 島嶼名漢字よみかた辞典

ひしま	78	ふなじま	67
ひしゃくしま	42	ふなとじま	67
ひせじま	78	ふなながせじま	67
ひついしじま	46	ふねしま	67
ひつしま	46	ふのこしま	78
ひとがしらじま	7	ふみしま	65
ひとごじま	3	へいぐんとう	35
ひとついし	3	へいちじま	34
ひのがりじま	67	へぐらじま	67
ひばりこじま	77	へしま	35, 40
ひぶりしま	41	へそしま	66
ひゃっけんぜ	57	へたじま	74
ひょうこじま	8	へたのしま	73
ひらじ	35	へなじま	34
ひらしま	34, 35	へびしま	70, 71
ひらじま	35	へびじま	71
ひらせ	35, 36	へぶりしま	34
ひらぜ	36	へらしま	36
ひらばそいわ	35	へんざじま	34
ひらばなりしま	36	ぼういし	22
びりしま	33	ほうじま	42
ひるこじま	71	ぼうずしま	16
ひるじま	69	ほうらいじま	69
びろうじま	45, 65, 69, 78	ほかじつるじま	16
びんだれじま	80	ほかばなりじま	17
ふかじしま	16	ほかまちばなり	16
ふこじま	85	ぼたんのきじま	53
ふたおいじま	69	ほていじま	33
ふたおもてじま	7	ほんくじま	42
ふたがみしま	7		
ふたがみじま	7	**【ま】**	
ふたごいわ	5		
ふたこじま	7	まえしま	10, 11
ふたごしま	7	まえじま	11
ふたごじま	7	まえのしま	11
ふたしじま	7	まがきしま	64
ふたならびじま	7	まきしま	53, 54
ぶとじま	46	まきのしま	54
ふとのじしま	23	まごへいね	25
ふとんじま	22	まじま	76, 79
ふなかくしじま	67		
ふなしま	67		

またごし	8	みょうじんしま	42
まだらしま	41, 79	みょうじんとう	42
まちしね	37	みょうといわ	23
まつしま	37, 42, 43, 44	みょうとばえ	24
まつじま	44	みょうばんじま	42
まてじま	37	みんなしま	46
まどいし	15	みんなじま	47
まにじ	58	むいのしま	46
まはなしじま	79	むかいしま	13
まみるがしま	80	むかいじま	14
まんがじま	79	むかえしま	14
まんじょう	79	むくしま	14
みあてじま	72	むくちしま	9
みいんず	41	むこうじま	14
みかどじま	4	むしじま	46
みくらじま	38	むしま	9
みくりやじま	38	むつれじま	9
みこもとじま	59	むるばえ	81
みさごしま	83	めいじま	42
みしま	4, 64	めえけらま	11
みずぐりせ	47	めおといわ	23
みずごしじま	47	めおとじま	23
みずこしま	47	めきじま	53
みせ	38	めぎじま	24
みぞぜ	45	めしま	24
みたらいじま	38	めじま	24, 53
みつくりしま	4	めぜ	24
みつご	4	めねこじま	24
みつこし	51	めんじま	24
みつこじま	4	めんばしら	24
みつじま	4	もしりとう	69
みつせ	4	もっけしとう	69
みつぜ	4	もとぎょうざまたひちもり	9
みっつせ	4	もとどりじま	80
みつはたんだしま	4	ももしま	57
みとこしま	38		
みとこじま	38		
みなみなかばりね	12	【や】	
みなみよとめいわ	12		
みのしま	64	やあじ	31
みょうこうじま	14	やあじむい	31
みょうじしま	42	やがじじま	31

やかびじま ………………… 31
やきじま …………………… 52
やぎじま …………………… 74
やぎゅうじま ……………… 74
やけいじま ………………… 9
やけしま …………………… 52
やけじま ……………… 52, 53
やなじま …………………… 58
やなはじま ………………… 31
やぶあだんじじま ………… 31
やぶろきしま ……………… 70
やまあんじゅしま ………… 32
やまとんちゅむい ………… 18
やまのはあだんじじま …… 32
ゆいこじま ………………… 49
ゆうじま …………………… 77
ゆげしま …………………… 37
ゆずえしま ………………… 37
ゆりとう …………………… 11
よかつしょとう …………… 5
よぼうじま ………………… 5
よぼぜ ……………………… 52
よろえね …………………… 75

【わ】

わかめじま ………………… 14
わくどせ …………………… 71
わごらじま ………………… 14
わたかのじま ……………… 51
わつのこじま ……………… 11
わりいわ …………………… 11
わりむい …………………… 11
われいわ …………………… 11
われじま …………………… 59

【ら】

りうじま …………………… 65
りゅうきんいわ …………… 63
りゅうじま ………………… 63
りゅうじんじま …………… 63
りゅうじんとう …………… 63
りゅうとうあんじま ……… 56
りょうせうらじま ………… 51
りれい ……………………… 10
れきじま …………………… 59
れぶんいわ ………………… 59
れぶんとう ………………… 59
ろくしま …………………… 9

難読誤読 島嶼名漢字よみかた辞典

2015年10月25日　第1刷発行

発　行　者／大高利夫
編集・発行／日外アソシエーツ株式会社
　　　　　〒143-8550 東京都大田区大森北1-23-8　第3下川ビル
　　　　　電話 (03)3763-5241(代表)　FAX(03)3764-0845
　　　　　URL http://www.nichigai.co.jp/
発　売　元／株式会社紀伊國屋書店
　　　　　〒163-8636 東京都新宿区新宿3-17-7
　　　　　電話 (03)3354-0131(代表)
　　　　　ホールセール部(営業)　電話 (03)6910-0519

電算漢字処理／日外アソシエーツ株式会社
印刷・製本／株式会社平河工業社

不許複製・禁無断転載　　　《中性紙北越淡クリームラフ書籍使用》
<落丁・乱丁本はお取り替えいたします>
ISBN978-4-8169-2569-6　　Printed in Japan,2015

本書はディジタルデータでご利用いただくことができます。詳細はお問い合わせください。

難読誤読 鳥の名前漢字よみかた辞典

四六判・120頁　定価(本体2,300円+税)　2015.8刊

難読・誤読のおそれのある鳥の名前のよみかたを確認できる小辞典。鳥名見出し500件と、その下に関連する逆引き鳥名など、合計1,839件を収録。部首や総画数、音・訓いずれの読みから引くことができる。五十音順索引付き。

難読誤読 植物名漢字よみかた辞典

四六判・110頁　定価(本体2,300円+税)　2015.2刊

難読・誤読のおそれのある植物名のよみかたを確認できる小辞典。植物名見出し791件と、その下に関連する逆引き植物名など855件、合計1,646件を収録。部首や総画数、音・訓いずれの読みからでも引くことができる。

姓名よみかた辞典 姓の部
A5・830頁　定価(本体7,250円+税)　2014.8刊

姓名よみかた辞典 名の部
A5・810頁　定価(本体7,250円+税)　2014.8刊

難読や誤読のおそれのある姓・名、幾通りにも読める姓・名を徹底採録し、そのよみを実在の人物例で確認できる辞典。「姓の部」では4万人を、「名の部」では3.6万人を収録。各人名には典拠、職業・肩書などを記載。

新・アルファベットから引く 外国人名よみ方字典

A5・820頁　定価(本体3,800円+税)　2013.1刊

外国人の姓や名のアルファベット表記から、よみ方を確認できる字典。古今の実在する外国人名に基づき、12.7万のアルファベット見出しに、のべ19.4万のカナ表記を収載。東欧・北欧・アフリカ・中東・アジアなどの人名も充実。国・地域によって異なる外国人名のよみ方の実例を一覧できる。

データベースカンパニー
日外アソシエーツ　〒143-8550　東京都大田区大森北1-23-8
TEL.(03)3763-5241　FAX.(03)3764-0845　http://www.nichigai.co.jp/